融合新闻传播实务研究

王 瑜 贾 宁 王 琪◎著

吉林出版集团股份有限公司|全国百佳图书出版单位

图书在版编目（CIP）数据

融合新闻传播实务研究 / 王瑜，贾宁，王琪著．--长春：吉林出版集团股份有限公司，2024.3

ISBN 978-7-5731-4740-0

Ⅰ．①融… Ⅱ．①王… ②贾… ③王… Ⅲ．①新闻学—传播学—研究 Ⅳ．① G210

中国国家版本馆 CIP 数据核字 (2024) 第 064049 号

融合新闻传播实务研究

RONGHE XINWEN CHUANBO SHIWU YANJIU

著　　者　王　瑜　贾　宁　王　琪

责任编辑　蔡宏浩

装帧设计　万典文化

开　　本　787 mm × 1092 mm 1/16

印　　张　10.5

字　　数　205 千字

版　　次　2024 年 6 月第 1 版

印　　次　2024 年 6 月第 1 次印刷

出　　版　吉林出版集团股份有限公司

发　　行　吉林音像出版社有限责任公司

（吉林省长春市南关区福祉大路 5788 号）

印　　刷　吉林省信诚印刷有限公司

ISBN 978-7-5731-4740-0　　　　定　　价　78.00 元

PREFACE 前言

媒介融合是指多种媒介逐渐形成一体化的发展趋势。对于媒介融合而言，是在数字技术进步的推动下形成的，这里的技术主要是指媒介内容的数字化。当文字信息、图片以及声音都转化为数字信息之后，它们之间的联系也逐渐扩大，使得这些信息可以在不同的媒介之间自由流动。例如报纸变成了电子报纸，人们通过网页就可以进行信息的浏览，不断地打破已有的媒介界限。

本书首先对融合新闻的概念阐释、融合新闻的生存基础、融合新闻的社会制约做了简要介绍；其次阐述了融合新闻传播的特征，其中包括融合新闻传播的主体特征、融合新闻传播的内容特征、融合新闻传播的渠道特征、融合新闻传播的受众特征、融合新闻的传播效应；再次分析了融合新闻的报道原则，让读者对融合新闻的报道原则有了全新的认识；然后对融合新闻的传播内容进行了较大幅度的改进，最后从多维度阐述了融合新闻教育的内容以及中国传媒融合创新的现状与机遇，充分反映了21世纪融合新闻传播方面的前沿问题，力求让读者充分认识融合新闻传播实务研究的重要性和必要性。本书兼具理论与实际应用价值，可供广大融合新闻传播相关工作者参考和借鉴。

为了提升本书的学术性与严谨性，在撰写过程中，笔者参阅了大量的文献资料，引用了诸多专家学者的研究成果，因篇幅有限，不能一一列举，在此一并表示最诚挚的感谢。由于时间仓促，加之笔者水平有限，在撰写过程中难免出现不足的地方，希望各位读者不吝赐教，提出宝贵的意见，以便笔者在今后的学习中加以改进。

CONTENTS 目 录

第一章　融合新闻的基本理论

在数字时代，媒体融合成为新闻传播领域的一项重要变革。传统的新闻生产、传播和消费方式正在被数字技术的崛起所颠覆，这引发了一系列有关新闻的基本理论的重新思考。在融合新闻的发展中，多个理论构成了其基本框架，指导了新闻机构和从业者在适应数字化、多平台、互动性的环境中更好地传达信息。

第一节　融合新闻的概念阐释

"媒介融合"是一个非常广阔的研究领域，至今仍未形成一个公认的准确定义，2002年，在美国南卡罗来纳召开的一次会议上，西方学者就开始了争议。2004年，南卡罗来纳大学大众传播学院主任查尔斯·比尔鲍尔回忆当时那场争论时认为，"大家观点不同反映了这样一个事实：在不同的国家、不同的媒介组织、不同的媒介文化环境下，媒介融合有着不同的表现"。

一、媒介融合界定

西方学者在媒介融合这一领域的研究呈现出多样化的视角——从技术融合角度展开的研究；从媒介所有权融合角度展开的研究；从媒介文化融合角度展开的研究；从媒介组织结构融合角度展开的研究；从新闻采编技能融合角度展开的研究等。这些研究涵盖了与媒介相关的所有方面，包括媒介的外部环境和内部机制，涉及媒介经营与新闻传播的各个角落。研究角度和侧重点的不同导致了对媒介融合的认识差异。

澳大利亚教授史蒂芬·奎因在他编写的《融合新闻导论》中写道："如果你向

100个人询问‘融合’的定义，你会得到100个不同的答案。有些人将融合视为独立的报社、电视台和网站之间的合作，另一些人将它视为一个大型的编辑部中新闻从业者可以自由地在不同媒体间工作。”但是，也正因为研究的多视角性，相关的理论创新和实践探索才得以迅速发展。

“融合新闻”研究与“媒介融合”的研究有着密切的关联，它是从应用新闻学的角度对媒介融合发展进行的研究，更偏重于对新闻实践的研究。威廉姆·尼克尔森，英国知名编剧，代表作《影子大地》《悲惨世界》（2012版）《角斗士》等。威廉姆·尼克尔森等人认为，当前新闻信息生产出现的三种趋势带来了融合新闻学的生成，即“传统媒体，特别是平面和广播电视媒体，正在将互联网作为自己传播新闻的附加媒体使用；使用互联网的新媒体犹如雨后春笋般出现，并与传统媒体形成竞争；一些没有意愿成为‘传媒’的个体，在对新闻信息的再利用、‘混搭’和评注中创建着更受欢迎的新闻产品。”

（一）“融合”概念

要理解“媒介融合”概念并界定其指向范围，我们必须先理解“融合”的含义。“融合”一词与大众传媒产生关联，可以追溯到20世纪70年代计算机和网络技术的发明与应用。1977年，法伯，美国摄影师，现居纽约，他被称作是拍摄裸体和捕捉浪漫情绪的大师，摄影风格受到荷兰和佛兰芒文艺复兴时期绘画风格以及一些印象派画家的影响。他的作品涉猎广泛，包括人体、静物、风景及建筑等，其风格影响了几代摄影师，其数十本关于摄影的书籍销售已超过50万册。重温他的作品，是一种审美上和技巧上的双重愉悦。法伯发表文章，提出了“计算机和通信系统的聚合”，这是目前已知的关于融合技术的最早研究。而麻省理工学院的尼葛洛庞帝则被公认为是最早预见到传媒业将和数字技术的融合并导致多媒体传播形式的出现，他在1978年用一个图例演示了三个相互交叉的圆环趋于重叠的聚合过程，这三个圆环分别代表计算机工业、出版印刷工业和广播电影工业。自此，不同工业即将和正在趋于融合的这一远见卓识第一次通过著名的交叉圆环图例演示出来。1985年，在商界人士的赞助下，他创办了声誉卓著的媒体实验室，成为研究数字传播技术的先驱者。

什么是“融合”2002年11月，在美国南卡罗来纳州州府哥伦比亚举办的定义融合的会议上，主题演讲人发现融合的概念很难达成一致。大家观点的不同，反映不同的媒介文化环境，导致多样化的媒介融合阐释，有多少人试图定义或实践它，融合就有多少种定义。然而，美国南加州大学安利伯格传播学院教授认为：“如果我们需要就一个新的媒介拟定一部通用的词汇表的话，那么定义是至关重要的。如果我们对融合的定义各持己见，那我们将难以取得进展。”

澳大利亚的斯蒂芬·奎恩在《融合新闻业——多媒体报道的基础》一书中归纳出几种关于“融合”的主要定义：

从最广泛的意义而言，融合是一个过程，媒体公司打破传统媒体形式和规格，发送更丰富的新闻和信息服务，以此呼应消费者选择和使用这些资源的形式。融合就是对由技术和信息经济带来的媒体环境变革的回应。

（融合是）利用基础材料——对我们而言，大多数就是新闻和现有信息，通过多种渠道服务消费者。

（融合是）一种更好地服务社会的方式，通过最适合的媒体叙事以便将新闻工作做得更好。

只有当所有事物走向数码化，信息源变得寻常可见时，融合才在技术方面化和能用以描述方面有意义。我想集中讨论的是构建多媒体的新闻和信息组织，这样，我的定义就是一个通过运行多平台来服务公众兴趣，同时在这个过程中增加市场份额的公司。

融合就是使用报纸媒体资源在其他媒体上培育产品，在其他的媒体上使用报纸讲述故事。这并不代表声音的消失，融合最好地利用了报纸。它的整体目标就是最大限度地接近公众，以各种形式尽可能传给更多的人，使信息为人们所用：一个故事不只服务一个目的。

“新闻业中的融合因所处情况的不同而意味不同……与以往的媒体编辑部不同，融合通常就其日益增长的合作和协作而言。”

以上虽然从各种不同的角度定义了融合，但综合起来仍有形成一定共识的基础，即融合是通过多媒体组织的合作和协作，利用多渠道、多平台发送更丰富的新闻和信息，以最大限度地传播给更多的公众。也就是说，融合作为新闻学的一种形式，是在新闻编辑部 24 小时不断发生的采编过程，在这里，采编人员为多媒体平台共同协作，出版制作多媒体产品以达到与受众之间最大程度的互动。

（二）“媒介融合”定义

“融合”的内涵理解，有助于“媒介融合”的阐释与界定。

“媒介融合”这个概念最早由美国麻省理工学院的伊契尔·索勒·普尔教授提出。1983 年，他在《自由的科技》一书中最先提出了“传播形态融合”，即“媒介融合”，并使用这一概念来泛指各种媒体呈现出多功能一体化的发展趋势。在传媒产业领域，正是由于网络宽带化和文件压缩等数字技术的发展，致使历来泾渭分明的传播形态逐渐聚合，传媒产业的界限不断被突破。

与“融合”的概念界定一样，媒介融合也有着多重内涵和多维表现。对于不同的国家、不同的媒介组织在不同的媒介环境中会有不同的表现，因此，国内外学者对这一概念也有着不同的理解。美国麻省理工学院教授伊契尔·索勒·普尔将媒介融合的情况归纳为两种形式：过去为不同媒体所提供的服务，如今可由一个媒体提供；过去为一种媒体所提供的服务，如今可由不同的媒体提供。这是迄今为止在学术领域里对媒介融合较为透彻精辟的论述。2005 年，中国人民大学蔡雯教授最早将媒介融合这一概念介绍到国内。这一年，她发表了多篇有关“媒介融合”与“融合媒介”的文章，并引入了美国新闻学会媒介研究中心主任安德鲁·纳齐森关于“媒介融合”的定义，即“印刷的、音频的、视频的、互动性数字媒体组织之间的战略的、操作的、文化的联盟”。

而在关于媒介融合的定义中引用频率较高的当属美国西北大学教授李奇·高登的学说，他在 2003 年归纳了美国存在的五种“媒介融合”的类型，具体如下：

1. 所有权融合

即适用于一个大的媒介公司，在大型传媒集团的平面、网络和电视上同时拥有跨界的营销和内容，以实现这些媒介之间的内容相互推销和资源共享。李奇·高登引用了《论坛报》中的一段话：“在一个单独市场同时拥有电视、电台和报纸，是一种在面临经济胁迫的同时又降低成本、增加效率和提供更高质量的新闻的方法。”

2. 策略性融合

李奇·高登将独资公司之间的内容分享与合作伙伴关系称作策略性的融合。策略性融合并不要求共同拥有权，最常见的模式是电视台或频道与一个独资公司的报纸之间的合作，在大多数市场，这些合作的最初动机和初步结果似乎是为了宣传促销，每个媒介公司交叉推广和销售对方的商业活动。所有权性的融合与策略性的融合在美国已成为最普遍的形式。

3. 结构性融合

这种形式的融合是与新闻的收集和分发中产生的变化相关联的，它同样也是在工作实践管理过程中的一种变化。一个例子是《奥兰多哨兵报》决定雇用一组多媒体的制作者和编辑，为电视重新包装纸媒上的资料。这个小组以适合电视的方式重新写纸质媒体上的材料。他们也生产原创内容，并在平面记者和电视伙伴之间建立对话。

4. 信息采集融合

通常发生在新闻报道层面，要求一部分新闻从业者以多媒体融合的新闻技能完成新闻信息采集。其工作场景可能像这样：在下午参加完一个新闻发布会之后，一个记者需要为这个组织的网站写少量段落，录一段录音，拍照和录像，准备电视所需要的一系列素材（或者在采访中是某一方面的专家，能够进行工作联络对话），并最终能为报纸写出理想化的稿件。

5. 新闻叙事或表达融合

记者和编辑需要综合运用多媒体的、与公众互动的工具与技能来完成对新闻事实的表达。它在记者工作水平方面运作，同时，也需要获得管理层给予最合适的设备支持。每种新媒介都提供给我们一种创新方式来讲述故事，新的叙事模式可能会出现于电脑、便携式新闻采集设备，以及网络和电视的互动潜力之中。

当然，融合仍然在演化之中，融合记者的工作就是在“创造一种新媒体”。以上“融合说”从媒介机构的融合到报道业务的融合、内容资源的共享和采编角色的融合，清晰地概括出了媒介融合的全流程状态，对认识媒介融合具有重要的启示意义。

教授蔡雯将国内外关于“媒介融合”的代表性观点进行了梳理和归纳，从微观、中观、宏观和大传媒业四个角度对媒介融合的概念进行了研究，她认为：“媒介融合是在以数字技术、网络技术和电子通信技术为核心的科学技术的推动下，组成大媒体业的各产业组织在经济利益和社会需求的驱动下，通过合作、并购和整合等手段，实现不同媒介形态的内容融合、传播渠道融合和媒介终端融合的过程。”此后，关于媒介融合的研究逐渐增多。但目前对于其概念和内涵，学术界并未形成一致的意见，归纳国内外较有代表性的观点，主要有以下四类：

一是形态融合论。持这种观点的学者大抵都拥有技术研究的背景，他们认为媒介融合主要体现在媒介的形态演变方面。如：美国新媒体研究专家约翰·帕夫利克认为，“融合是指所有的媒介都向电子化和数字化这一种形式靠拢，这个趋势是由计算机技术驱动的，并在网络技术的推动下变得可能。融合的出现对现有媒介秩序上是一个意义深远的挑战，它为多媒体产品的发展铺就了发展道路。所谓多媒体，是指文本、图片、视频、声音以及这些元素的链接和交互的混合体”。美国传媒学者也把媒介融合定义为各种传播技术的混合，认为媒介融合是指电子通信技术、计算机技术和媒体的融合。上述几种观点均强调了媒介融合的技术基础和技术的驱动作用，侧重于阐述媒介的形态构成及形态发展。

还有研究者认为，以数字化、网络化技术为支撑的媒介技术融合是“媒介融合”这一概念的所有内涵中最为本质的一点，是媒介融合的依据，它可细分为三个方面：其一，信息源融合。即任何媒介类型的任何内容及表现形态均可转换为符号化的“0”和“1”来进行存储与传输，它为媒介边界的模糊甚至消解提供了可能，为不同媒体的信息内容在同一网络平台上的传输与分发奠定了技术基础。其二，传输渠道融合。它指的是基于网络化技术的普遍运用，从以往不同媒介类型、不同形态信息内容传输信道的单一性、差异化，走向具有共通性、兼容性的多媒体网络传输平台，对媒介内容进行集成和分销，如：三网融合下的广播电视网、互联网和电信网多渠道融合的传输模式。其三，接收终端融合。这是指在数字化、网络化技术的推动下，媒介消费者所使用的信息接收终端设备，呈现出融多种功能于一体的特征，如三屏合一（电脑屏、电视屏、手机屏）。

二是组织融合论。持这种观点的学者研究视野更加广泛，他们侧重于从传媒业的整体出发来看待媒介融合问题，主要从媒介形态、业务操作、组织管理等角度出发来研究媒介融合。如：美国媒介研究专家罗杰·菲德勒认为，融合是“路径的交叉与合并，它导致每一种符合技术或实体的转型及新技术或新实体的发明”。英国传播政治经济学家格雷厄姆·默多克认为，传媒融合有三种主要方式：“传媒文化形态的融合，传播系统的融合和传媒公司所有权的融合。这里的融合是指两种或更多的事物结合为一体。其中传媒文化形态是指媒体的表现方式，如：语言、文字、图片、音频、视频等。”美国新闻学会媒介研究中心主任安德鲁·纳齐森认为，媒介融合是“印刷的、音频的、视频的、互动数字媒体组织之间的、战略的、操作的、文化的联盟”。美国密苏里新闻学院的章于炎、乔治·肯尼迪、弗里兹·克罗普三位则从传媒经济学的角度提出，“媒介融合是大众传播业的一项正常的项目或者说是一个渐进的发展过程，它整合或利用处于单一所有权或混合所有权之下的报社、广播等电子媒体，以增加新闻和信息平台的数量，并使稀缺的媒介资源得到最优配置。在规模经济和范围经济的作用下，这些融合的媒介形式及被重新包装的媒介内容，将提供给受众更大的信息量，从而实现领先竞争对手、获得盈利，提供优质新闻的目的，并最终在数字时代的媒体竞争中保持优势地位”。这些观点主要从传媒业务操作、传媒组织管理、传媒经济学三个角度出发，认为媒介融合涵盖了传媒技术融合、传媒产品形态融合、传媒业务运作系统融合和传媒组织机构的融合等方面。

三是规制融合论。这种观点突出强调了传媒融合所引发的社会监管和规则的变革。如瑞典学者安德列斯·尼尔森等人就把媒介融合的概念分为三个方面：媒介业务和媒体本身的融合，规制和规则的融合，用户对媒体的互动使用与参与的融合。其中，媒介政府规制融合在媒介融合的进程中占据着重要地位，它是媒介融合的重要外部环境之一。积极的、面向媒介融合的政府规制会有助于媒介融合的顺利发展。反之，则会阻碍媒介融合的发展。媒介政府规制融合包括三方面内容：规制法律融合、规制机构融合、规制行为融合。这将改变过去多头规制的混乱和冲突，大大加快媒介融合的发展。

四是大媒体论（或称全媒体论）。持这种观点的学者研究视野最为广阔，他们跳出了传媒业的单一研究框架，认为媒介融合涉及所有与之相关的产业。如美国学者凯文·曼尼就用“大媒体”的概念来描述传媒业部分领域全面竞争的现象，认为传统大众传媒业、电信业、信息（网络）业都将统合到“大媒体业”的新产业之下。美国学者认为融合是指由于技术的进步，出版、传媒、消费者电子和计算机产业之间的界限趋于模糊的现象，是不同媒介产业相互作用的过程。这些观点主要从大传媒业角度出发，认为媒介融合的内容涵盖传媒业、电信业、IT 产业、电子产业等所有参与到媒介融合中来的产业。

基于我们对媒介融合的上述理解和界定，可进一步厘清媒介融合的内涵与外延。我们认为，媒介融合的概念基本有狭义和广义之分。

从广义方面来看，媒介融合描述的是媒介形态的演化过程，具体是指在数字技术和网络技术的背景下，以信息消费的需求为指向，由网络融合、媒体融合和内容融合所构成的媒介形态的演化过程。它的内涵十分丰富，是所有媒介及其有关要素的结合、汇聚甚至融合，不仅包括媒介形态的融合，还包括媒介功能、传播手段、所有权、组织结构等要素的融合，甚至还包括政治方面的融合和社会文化方面的融合。其中政治方面的融合主要指“政府应媒介产业格局的变化而对媒介产业的相关管制、政策和立法发生相应的调整或变革”。社会文化方面的融合是指媒介组织内部组织文化的融合以及由此引发的组织之外的融合。广义的“媒介聚合”描述的是一个从低级到高级逐渐发展的过程。

从狭义方面来看，媒介融合描述的是近年来国际传媒业的一种新作业模式，它是相对于过去各类媒介产业分立而言的。具体来说就是将各类媒体的采编业务结合起来，在实现资源共享的前提下，实行集中处理，并将衍生出的不同形态的信息产品，通过不同渠道和终端传播给各类受众的新型媒体作业模式。这种作业模式是传媒业的一种质变，也是媒介融合发展的最高阶段，并将会推动新的媒介形态的出现，而融合新闻就是其衍生出的产物。

二、融合新闻界定

“融合新闻”，在西方也有称之为“多样化新闻”，在 21 世纪初出现，是以媒介之间的合作及媒介组织结构与工作流程的改变为前提的。伴随着数字技术的广泛运用与网络传播的迅猛发展，传媒形态的推陈出新与传媒产业的整合重组已成为当今全球性的热门话题。在这一变局中，新闻传播也应势而动，从规则、流程到渠道、方式都发生了巨变，突破传统的载体樊篱，以“融合新闻”赢得竞争，成为新闻传播变革的必然走向。

（一）融合新闻的定义

“融合新闻”是在应用新闻学层面对媒介融合的发展，主要指利用多媒体手段进行新闻传播活动。如：利用报纸、电台、电视台和网站及手机等新兴媒体，集中在一个信息操作平台上，统一策划、相互协调，取长补短，并根据各自媒体的传播优势和受众特点对信息进行分类加工，然后分层次、有针对性地传播给特定的受众。

目前关于融合新闻定义较有代表性的观点如下：

美国南加州大学教授认为：“融合新闻发生在新闻编辑部中，新闻从业人员一起工作，为多种媒体的平台生产多样化的新闻产品，并以互动性的内容服务大众，通常是以一周 7 日、每日 24 小时的周期运行。”

还有学者认为，融合新闻学建立在新闻可以通过包括平面、广播电视、网络媒体，以及手机、信息平台在内的多种新媒体渠道发布的基础上。因此，融合新闻学主要用来阐释新环境下所需的新闻报道能力，记者、摄影师和编辑用最适合的方式进行新闻传播的能力。

综合来看，融合新闻是与传播平台融合相对应的新闻传播方式，主要是指利用多媒体手段进行的新闻传播活动，包括多媒体采集、统一平台加工、多媒体发布和与受众互动等过程。其中，多媒体采集是指针对同一条新闻，同时使用文字、图像、音频、视频、Flash 等多种媒体技术手段来采集；统一平台加工是指由一个统一的多媒体编辑部对采集到的新闻进行多媒体整合和深度加工；多媒体发布是指对同一条新闻同时发布文本的、音频的和视频等多媒体文本。总之，融合新闻实现了不同的媒体汇聚。

融合新闻理念的精髓在于新闻报道突破了传统的载体樊篱，将传统新闻报道范式进行整合重构，制作适合不同对象的多媒体新闻产品。在融合新闻的操作模式下，媒体对新闻事件的处理不再是单面性的呈现，而是多侧面多角度的展示；不再是单纯追求独家新闻，而是更加重视对原创性信息的整合加工；不再是我传你受的单向灌输，而是倡导受众参与和互动。在融合新闻理念的指导下，新闻报道方式已经从平面化的线性方式，转为立体化、个性化、互动化的全新方式，并将超越安德鲁·纳齐森所说的“媒体组织之间的战略的、操作的、文化的联盟”这一界定，将突破“媒介之间的合作模式”，而演变成一种独立运行、流程完整、操作规范的新闻生产模式。

此外，关于融合新闻学的研究还涉及其他两类人士：包括从事新闻教育的新闻学教授，以及各类媒体中从事新闻工作的专业人员，或同时具有新闻从业经验和新闻教育者双重身份的研究者。如：融合新闻研究的先驱者澳大利亚斯蒂芬·奎恩，拥有 15 年的新闻工作经验，在多个国家的报社、通讯社、电视台做过记者、编辑，他还在美国和澳大利亚的多所新闻学院承担相关教学和科研工作。这种学科背景使得融合新闻研究将新闻实践与学术研究和教学改革紧密结合在一起，同时又使这项研究更加注重对实践的指导意义和可操作性。

（二）融合新闻的模式

融合新闻的理念最早由芝加哥论坛公司和媒体综合集团两家媒体公司率先提出并进行实践，这两家媒体为融合新闻的发展探索出不同的发展模式。戴默和他的同事们提出了一个“融合连续区”的观点，为从行为角度的创新提供了一个概念框架。他们认为，学者和从业人员很少从媒介行为方面定义融合新闻，其中的一个重要问题并非是否操作融合，而是它在何种程度上融合。戴默在向美国新闻与大众传播学教育学会提交的论文《融合连续统一体：媒介新闻编辑部合作研究的一种模式》中，根据美国及其他国家的媒介情况归纳了“融合新闻”的几种模式：

1. 交互推广，指作为合作伙伴的媒介相互利用对方推广自己的内容，如：电视介绍报纸的内容。

2. 克隆，指作为合作伙伴的媒介不加改动地刊播对方的内容。

3. 合竞，指作为合作伙伴的媒介之间既有合作也有竞争。如：一家报社的记者编辑在某电视台的节目中对新闻进行解释和评论，某一媒介为自己的合作伙伴提供部分新闻内容等。作者认为，合作的媒介之间依然存在着相互戒备，在电视上露面的报纸记者不会愿意透露那些构成报纸独家新闻报道的关键信息。

4. 内容分享，指作为合作伙伴的媒介定期相互交换线索和新闻信息，并在一些报道领域中进行合作，如：选举报道、调查性报道等，彼此分享信息资源，甚至共同设计报道方案，但各媒介的新闻产品仍然是由各自的采编人员独立制作的。

5. 融合，指作为合作伙伴的媒介在新闻采集与新闻播发两个方面进行全方位的合作，他们的共同目标是利用不同媒介的优势最有效地报道新闻。多个媒介的记者编辑组成一个共同的报道小组，策划新闻报道并完成采编制作，并且决定哪一部分内容最适合在哪个媒介上播发。

这是一个由浅入深、由低级到高级的融合发展模式，以致有人称之为新闻机构中五个级别的活动。在交互促销级，合作和互动最少发生在不同的新闻组织中。在克隆复制级，一个合伙人很少改动其他搭档的新闻产品，将其重新出版。“在克隆复制级别的新闻媒体并不讨论他们的新闻收集计划，并只在一个故事已经结束之后才开始分享内容”。而在第五级别的模式中，融合被认为只是一个市场营销工具。

（三）融合新闻的特点

由于“融合新闻”发源地的美国及其他西方国家从事相关研究的专家、教授大多有新闻从业经历，这一客观条件使得他们有关“融合新闻”的研究能够将新闻实践、学术研究及教学改革紧密结合起来，更加注重对实践的指导意义和可操作性。相对于众说纷纭的“融合媒介”界定来说，“融合新闻”的实践特征与理论研究脉络更为清晰，与传统新闻业务相比，融合新闻具有以下特点：

1. 信息来源多元化

在报纸、广播、电视等传统媒介垄断新闻传播的时代，新闻信息的主要提供者是政府机构、社会团体、企业组织和各界名人等，职业的新闻工作者承担了采集与发布新闻信息的主要任务。而在融合新闻时代，由于新媒体技术的出现，普通公民获得了参与新闻传播的能力，拥有了话语权，新闻信息的来源出现了多元化趋势。新闻信息采集的形式也出现了多媒体化的趋势，除了传统的报纸、广播、电视外，人们还可以借助 BBS、博客、播客等新媒介形式来发布新闻、表达意见。虽然专业媒介组织依然是新闻信息传播的主角，但不能否认的是，新媒介正在改变大众传播的格局，一对一、一对多、多对多的传播网络已经形成，传受者一体化将成为融合新闻时代新闻传播的主体特征。

2. 新闻业务整合化

融合新闻打破了传统媒体间的壁垒与限制，实现了新闻采编流程的变革。融合新闻以媒介之间的合作及媒介组织结构与工作流程的改变为前提，所有的媒介形式被整合到统一的信息采编平台，实现统一规划、资源共享。其基本流程为：首先，集中媒介集团的力量来采集新闻素材；其次，根据集团内各类媒体受众的接受特点进行信息加工，制成不同的新闻产品；最后，通过不同的传播渠道传播给受众。在实现了媒介融合的媒介集团中，不同的媒体可以通过对生产流程的设计与控制来实现资源的整合，利用媒体介质间的差异来实现资源的共享及新闻产品的异质化，从而联手做大区域市场。以坦帕新闻中心每天新闻业务工作流程为例，该新闻中心下的各家媒体拥有各自独立的人员、办公区域和运作机制，但同时又设置“多媒体新闻总编辑”来统管报纸、广播电视和网络三类媒体的新闻报道，使三类媒体在新闻采编方面实现联动。首先电视台的总编和各部门的负责人要召开编前会，多媒体新闻总编辑也参加，安排好电视台在这一天的新闻采访活动，并讨论哪些新闻可以与报纸、网站进行融合；然后多媒体新闻总编辑召开报纸编前会，向报纸总编提出当日“融合”新闻的内容；报纸总编也会向多媒体总编辑提供他们认为用电视新闻形式报道更为合适的消息。在下午时段，多媒体新闻总编辑通常还会再召开一次报纸与网站的编前会，向网站负责人提供可供融合的新闻。若有重大突发新闻，多媒体新闻总编辑会及时将消息通报给报纸、电视和网站这三家媒体，并制订统一计划，协调其采访活动，力求让三家媒体在采访中将各自的优势发挥到极致，同时又做到互补不足。总之，融合新闻要求各类媒体依靠统一的规划与协调，从独立经营转向多种媒介联合运作，尤其是在新闻信息采集发布上实行联动，能最大限度地减少人力、资金和设备的投入，降低新闻生产成本，提高新闻业务流程的效率与通畅性。

融合新闻的发展是在数字技术与网络传播推动下，各种类型的媒体通过新介质真正实现汇聚和融合。在未来，可能会出现一种新的媒介介质，将报纸、收音机、电视机、电脑、手机等信息终端的功能和特点汇聚于一体，通过无线传输，成为新的信息接收终端。对于这样的新媒体而言，融合新闻将超越"媒介之间的合作模式"，而演变成一种独立运行、流程完整、操作规范的新闻生产模式。

3. 信息载体数字化

数字技术和通信技术的飞速发展，使得媒体的边界逐渐模糊。与传统媒体相比，通过互联网传播的新一代媒体实现了信息传输的数字化，信息载体的性能得到根本改变，从而为新闻传播变革提供了更广阔的舞台。传播终端呈现出数字化特点，电信服务商和互联网服务商纷纷介入传播终端的领域中。媒体的融合功能不断增强，信息的发布与接收的方法和手段也更加多样化，普遍采用多媒体的方式，在新的媒介终端载体上实现看、听、读、写、说、录等手段的自由选择和组合，新闻传播体现出更加自由、更加人性化和更加方便快捷的特点。

在融合新闻模式下，新闻信息载体从报纸、杂志、广播、电视扩展到网络，以及电子报、电子杂志等多样化的数字新媒体，让人们随时随地可以不同方式接收到所需要的信息。而且，通信服务商、互联网服务商等其他行业的商家也纷纷加入传播终端竞争领域，他们与传统媒体融合在一起，推出各种新的数字移动终端，拓展信息传播的渠道。

4. 内容产品兼容化

融合新闻的内容更加丰富多样、形象生动，它利用多媒体技术，将文字、图片、音频、视频和 Flash 汇集于一体，实现了视觉传达的多样化和兼容性。在融合新闻模式下，新闻产品在视觉传达上更为突出，人们还可以采取阅读、收听、收看等多种方式来接收多元符号信息。以 IPTV 为例，人们不仅可以根据自己的兴趣和需求来选择

IPTV 的节目内容，而且还可以通过 IPTV 来聊天、游戏、购物甚至理财，IPTV 使得人们从过去的“看电视”变成了真正的“用电视”。

目前所有的新闻产品形态，从传统的报刊新闻、广播新闻、电视新闻，到新媒体的网站新闻、电子报纸新闻、电子杂志新闻、IPTV 新闻、网络电视新闻、手机短信新闻、手机报纸新闻、手机电视新闻，以及基于 RSS 的聚合新闻、基于 Web 2.0 技术的博客、播客新闻等，这些都是融合新闻产生和发展的土壤。未来实现媒介大融合后，多媒体数字平台将消解各类媒体之间的鲜明界限，它可以兼容图文、音频、视频、游戏等不同介质的内容产品，原来需要在多个平台上才能完成的，以后在一个综合的多媒体平台上就可以实现了。以电子报纸为例，它与以前的报纸网站不同，以前的报纸网站只是单纯地把报纸内容移植到网站上。新一代的电子报纸不仅是复制了印刷媒体的内容，还融入了多媒体的功能，令新闻不再是平面而是立体的了。读者可以随意检索信息，链接到相关网页上。对新闻的深层报道和分析，我们可以从文字中去查看；对新闻事件的动态变化，我们可以借助图像进行直观了解；对于深奥难懂的科技新闻等，还可以通过 Flash 和计算机模拟使其通俗易懂，从而降低了接收新闻的门槛，将人们从传统的报纸、电视等媒体的限制中解脱出来。如：在北大方正与《浙江日报》合作开发的电子报上，当读者的鼠标移动到版面中的某一篇文章时，轻轻点击即可显示原文，甚至还可以点击“朗读”，就能够做到“听”新闻了。融合新闻借助多媒体技术，使得新闻产品视觉传达设计的表现手段更加多样，表现范围和报道平台也得到了更大的扩展。当这些不同的报道平台是相互合作而不是相互竞争时，那个最合适的媒体就会用最合适的方式来报道新闻。

5. 媒介产品互动化

融合新闻的另一大特点就在于互动性和分享性的加强。融合新闻的产品和服务更加注重满足受众个性化的信息需求，它汇聚了多媒体化的新闻产品和服务，通过数字化的媒介终端进行传播，受众可以根据自己的兴趣、爱好和需求来选择相关信息，这就赋予了受众新闻信息接收行为更多的自由空间。

在未来的媒介大融合过程中，多媒体数字平台将具备更深刻的交互性，让用户参与进来，给用户在操作中提供更多的选择和控制机会，用户的兴趣也会直接作用到内容产品或功能产品的应用形式上。

与此同时，分享性的加强也是融合新闻发展的一大趋势。媒介产品互动性和分享性的强化，是技术发展带来的必然结果。Web2.0/3.0 技术的出现，使内容生产不再为媒介组织所垄断，任何人都可以利用当前的相关技术生成新的内容，尤其是博客和即时通信软件的使用，更为普通百姓加入新闻传播活动创造了更多的机会。当前，不少媒体就在利用博客和即时聊天技术吸引受众加入新闻传播活动，如：《杭州日报》《都市快报》就使用MSN即时聊天系统，由记者在网上组织话题，吸引读者参与，次日见报。《今日早报》则利用QQ群来召集车迷，先在报纸上发预告，然后通过网上互动进行讨论……从整个社会范围来看，在融合新闻的背景下，新闻传播方式正在从以传统媒介为主导的单向式，向由专业媒介组织与普通公民共同参与的分享式、互动式的模式转变，媒介产品的互动性大大增强。

融合新闻学的主要特点是在不同平台上以不同的方式进行新闻报道，对于那些在整个职业生涯习惯中只能以一种方式报道的记者来说，这无疑是一个惊人的转换。

第二节　融合新闻的生存基础

媒介融合的内涵十分丰富，根据美国西北大学理查・戈登的研究认为，媒介融合主要涉及以下几个层面："多媒体新闻，在多个媒体上完成新闻信息的收集与报道工作；跨媒体服务，一家公司让自己不同的媒体传播渠道为相同的目标受众群服务；跨公司合作，两个或两个以上分公司携手合作，分享信息或交换内容；技术融合，数字技术应用到媒体内容，导致以计算机和计算机算法类似的方式进行媒体的信息存储与操作。"

美国学者戴默等人也在《融合连续统一体：媒介新闻编辑部合作研究的一种模式》一文中，提出了"融合连续统一体"这个新概念，这些实际上指明了融合新闻的前提条件。在数字技术和网络技术的背景下，融合新闻的媒介生存目前依赖于网络、媒体和内容三个方面的融合。

一、前提：网络融合

网络融合是指在网络技术发展和普及的条件下，各种信息传输网络之间的区分和界限不再明确，出现"多网合一"的现象，也就是信息传输网络的融合，主要表现为以下两个层面的融合：

第一层面为信息传输渠道的融合。过去，报纸、广播、电视、互联网等媒体各有其独立的传播渠道，而进入媒介融合时代，这些传播渠道在物理形态方面出现了合一的趋势。此外，过去电信网、广播电视网和互联网三大网，分别基于电话网的语音数据、有线电视同轴电缆的视频数据和 IP 技术的信息数据均处于割裂状态，而“三网融合”则把上述各种网络上的应用全部整合到一个基于 TCP/IP 协议的网络上，从而实现了数据传输的统一。例如，可以利用一条线路使移动用户具有局域网接入、Internet 接入、PBX 分机、语音邮件及高速拨号等相关特性，这属于信息传输网络物理形态方面的融合。

第二层面体现为电信网、广播电视网和互联网三大网络在高层业务应用方面的融合。具体表现为信息传播渠道在技术方面趋向一致，网络方面实现无缝覆盖和互联互通，业务层面上互相渗透和交叉，在经营上互相竞争和合作，朝着为受众提供多样化、多媒体化、个性化服务的共同目标逐渐交汇在一起。三大网络通过技术改造能够提供包括视频、音频、文字、数据、图像等综合多媒体的通信业务，现阶段的三网融合更侧重于这一方面。此外，这一层面的网络融合还包括电信、广电和互联网在行业管制和政策方面的逐渐趋向统一，这属于信息传输网络深层次的融合。

通过上述分析我们知道，“三网融合”作为融合新闻的生存基础之一，是电信网、广播电视网和计算机通信网之间相互渗透、互相兼容，逐步整合成为统一的信息通信网络的过程。

目前，我国的“三网融合”建设已经进入实质性操作阶段，各大媒介、各种信息产业经营商正在积极推进“三网融合”的传播渠道建设，其中，IPTV 和手机电视就是当前“三网融合”的先行者和体验者。

IPTV 是 Internet Protocol Television 的缩写，直译为“互联网协议电视”。它是一种利用宽带有线网的基础设施，以家用电视机作为主要显示终端，通过互联网络协议来提供包括电视节目在内的多种数字媒体服务的技术。从 1999 年英国 Video Networks 公司推出 IPTV 开始，全球已有数十家电信运营商进入了 IPTV 市场，主要集中在欧美地区、亚太部分国家和地区。2006 年，中国 IPTV 商用市场规模启动，开始部署省级规模 IPTV 商用网络。目前，哈尔滨、杭州、郑州和上海四地的 IPTV 发展较好。手机电视，是指以广播形式，向具有操作系统和视频功能的移动通信终端传输文字、数字音频、视频等内容，并向用户提供互动应用服务的新技术形式。目前，美国、日本、韩国和西欧手机电视业务发展迅速。我国于 2003 年开始手机电视的尝试，2004 年 7 月，中国移动通信集团公司与上海文广新闻传媒集团达成战略合作，成立上海东方龙移动信息有限公司，成为我国较早实现媒介融合进入手机电视业务的媒体公司。到 2007 年，我国手机电视产业正式步入商用起步阶段。2008 年的北京奥运会和 2010 年南非世界杯等大型体育赛事也让手机电视的业务获得了一定的发展，赛事期间不少上班族通过手机电视收看精彩比赛。

总之，IPTV和手机电视将有效实现广播电视网络与互联网络、移动通信网络的融合，使人们不仅可以随时随地地根据自己的需要来选择观看电视节目，而且可以通过电视来聊天、购物、娱乐等，为人们初步展现网络融合所带来的传播优势。

当前，融合新闻最为成功的模式是实现了报网互动、台网互动。在这两种模式下，融合新闻对报纸、广播电视、网络各自的新闻生产流程进行了重组和整合，使新闻采编业务变成了跨媒介的团队协作。虽然是集中完成新闻的采集任务，但新闻产品的加工方式和发布渠道却是多元化的、立体化的，新闻信息资源得到了全方位的深度开发，新闻产品链由此形成，产生了“长尾”效应。如：获得中国新闻奖的第一个网络名专栏——河南日报报业集团的《焦点网谈》，浙江日报报业集团的数字报业实验、解放日报报业集团的四个“I”（电子报纸、电子杂志、数字新闻视屏、手机报）工程、宁波日报的数字报业技术平台及各地的IPTV试验……这些实践都说明，融合新闻通过对媒介组织内部网的改造，实现了集团内的资源共享、流程再造，为打破传播的地域限制提供了网络渠道和平台，直接带动了媒介影响力的扩大和经济效益的增长。

二、关键：媒体融合

媒体融合是指不同媒体形式出现的一体化趋势，它包括媒体形态的融合与媒体经营主体的融合两层含义。其中，媒体形态的融合指的是出现一种媒体接收终端可以接收多种形式的媒体内容的现象，而经营主体的融合是指媒体经营主体之间的区分不再明显。

媒介形态的融合与传播技术的发展密切相关，并以传播技术的融合为基础，最有代表性的如新型电子阅读器、视频播放器的发明。这类新型阅读器集纸质阅读、电子阅览、音频播放、视频播放等功能于一体，实现了媒介形态的融合。如：2009年5月，亚马逊就推出了一款名为“Kindle DX”的电子阅读器。这种新型的阅读器使用电子纸显示屏或者全反射高响应屏幕，支持无线接收，阅读效果酷似纸质媒体，除了翻页速度很快外，还有语音功能，并能够扩展内存，其优势十分明显。《纽约时报》《波士顿环球报》《华盛顿邮报》等著名大报均已同亚马逊电子阅读器展开合作。而新闻集团、赫斯特集团等传媒集团正在努力研发自己的新闻阅读器，苹果公司等设备供应商也在积极研制兼容性强的新型阅读终端。

经营主体的融合趋势也十分明显。当前一些大型的传媒集团出现的跨媒体、跨区域、跨行业的经营方式是经营主体融合的初级阶段。其中，跨媒体即报纸、电台、电视台、互联网、电影、手机等不同媒体组建成一个集团公司；跨区域即跨越国界、跨越同一个国家不同行政区划，在异地开展经营；跨行业即传媒业外的资金、人才大批进入传媒业，尤其是电信业、金融业进入传媒更为普遍，如上文提到的新闻集团、时代华纳集团、维亚康姆集团等。

经营主体中高级阶段的融合则主要表现为各类全媒体新闻中心的成立，如上文所说的坦帕新闻中心、新华社多媒体新闻中心、烟台日报全媒体新闻中心等。全媒体中心实现了资源、人才的共享，制作的新闻产品具有多媒体性，真正实现了经营主体的融合，促使新闻工作者的角色发生转型。

传统媒体的新闻记者通常仅为单一的信息载体采编制作新闻内容，但在融合新闻模式下，新闻记者不再只为某一特定的媒介采集新闻，而需要为多媒体新闻数据库采集新闻信息；编辑也不再只是“把关人”，而要成为整合传播的策划者，调控整个融合新闻传播过程。新的工作平台一方面在调整甚至削减新闻工作者固有的权力，另外又在赋予他们新的职责和能量，融合新闻要求新闻工作者尽快完成角色与分工的转型。

首先是记者角色的转型。融合新闻要求记者从单纯的“新闻采制者”转向全方位的“新闻与信息服务提供者”。

传统媒体的记者只需要了解大量而最广泛的客观事实信息，但从事融合新闻采编的记者，则应该成为多技能型记者，既要能够掌握跨媒体采访、写作、编辑、摄影、视频创建和编辑的技能，也要能够创建简单的图形和交互性信息内容。此外，还应具备一些使用有线或无线网络发布或远程传输信息的技术知识。

传统媒体的记者只需要在新闻现场采集相关信息，并将之制作成适合各自媒体的新闻产品即可。但从事融合新闻采编的记者，不仅要在新闻现场捕捉到尽可能多的信息，包括图片、录像和采访等形式，以便能迅速地以正确方式清晰地传输事件新闻，而且还要变成媒体多面手，为各种形式的媒介终端全方位地提供合适的新闻产品和信息服务。威尔克森等人把新闻记者角色的这种转变形容为“从新闻报道多面手和媒体专家”到“新闻报道专家和媒体多面手”。如：美国媒介综合集团旗下的媒介都属于同一地区的地方媒体，因此该集团派往异地采访的记者都具备多项技能，他们能够同时为报纸写文字稿件、为电视拍摄新闻节目、为网站写稿，成为了媒体多面手。

其次是编辑角色的转型。融合新闻要求编辑从单纯的“新闻把关人”转向“新闻解析者”与“整合传播策划者”。

在融合新闻语境下，编辑的角色和职责发生了改变，他们不只是“把关人”，而且还将参与到融合媒体的内容运营之中，成为新闻的解析者。编辑不仅要会对新闻信息进行把关和加工，而且还要掌握好不同媒体的特性，有的放矢，学会在同一平台上将节目资源进行组合与调配，从而适应不同媒体的需求。融合新闻要求编辑成为精通各类媒体的专家，了解技术发展为新闻传播所提供的各种可能性，并知道如何运用这些技术使新闻内容得到更好的表现。

此外，编辑还要具备在多媒体集团中进行整合传播策划的能力。编辑将不再仅从单一媒体的立场上考虑和处理问题，而是对整个集团的媒介资源进行统一规划和协调，进行整合传播策划。这种能力一方面体现在编辑对信息的整合能力上，即编辑要对浩如烟海的新闻和信息进行筛选和重新组合，使这些杂乱的信息呈现出相互联系和深刻意义，并将其转化为对受众有用的知识；另一方面还体现在创新策划方面，除了开发出不同于其他媒体的新闻产品和服务外，注重互动性也将成为内容创新的另一个来源。因此，编辑要尊重社会公众发布新闻信息和表达观点的权利，注意吸引公众参与到新闻信息的内容制作过程中来。

三、核心：内容融合

内容融合是指媒体所提供的服务和内容呈现出多媒体化现象。随着媒介产品数字化趋势的不断加强，媒介产品及其服务，诸如文字、电视节目、广播节目、电影、网页、电子游戏、音乐、电子商务等产生了融合，这些媒介产品通过统一的技术使不同形式的媒介彼此之间的互换性和互联性得到加强。

在传统媒体时代，各媒介产业分别提供不同类型的媒介产品，而在媒介融合时代，新兴的数字信息技术则使音乐、图片、影像、文字、游戏等媒介产品可以通过同一种终端和网络传送，实现了传播内容的融合。

融合新闻还带来了新闻传播过程中的多元化媒体转换。这种多元化的媒体转换可以从两个层面来考察：首先，融合新闻要求记者同时为不同类型的媒体终端提供内容，这就要求记者能够迅速地根据事件的发展情况，选择合适的媒体形式进行报道。从事融合新闻报道的记者要同时为报纸、广播、电视、网络、户外媒体等各类媒体提供内容，包括文字、图片、音频、视频、图表等。如：某日报报业集团就为每位记者配备了一台笔记本电脑，移动、联通无线上网卡，一台照相机，一台摄像机，一部智能手机，记者可以同时为电子报、纸媒、网站和户外电子显示屏提供内容。但这并不是要求记者同质化地、机械地将同一新闻事件通过不同的媒体形式一遍遍重复展现，而是要求记者能够根据事件的特点，采用最适合的媒体形式进行表现，在报道中完成多元化的媒体转换。如：有的理性信息可以采用文字形式报道，有些视觉冲击力大的场景可以运用视听形式来报道，而有些复杂的信息可以通过图表、Flash 动画等来解释报道。

其次，融合新闻还要求意见表达的多元化。随着媒介载体形式的多元化，新闻传播不再是专业新闻工作者的特权，普通的公民也成为融合新闻传播的参与者，公民新闻的繁荣促进了意见表达的多元化。普通公民不仅可以在各类网络论坛、博客、播客、微博等公民新闻平台上传播自己制作的新闻信息作品，而且专业化的融合媒体集团也非常重视对公民新闻的发掘，纷纷开辟了公民记者专栏来收集和传播普通公民所制作的新闻信息作品。

内容融合不仅是媒介融合的重要形态，也是传媒集团在竞争中克敌制胜的重要法宝。在媒介融合时代，一个传媒集团在多大程度上能为受众提供多媒体化的产品和服务，以及能为受众提供什么样的产品和服务，这些都将成为传媒集团的核心竞争力所在。

内容融合要求媒体人员必须具备与之相适应的多媒体报道思维。在单一媒体为主导的时代，报道活动围绕单一的媒体形态展开，新闻工作者的报道思维也呈现出以单一媒体为核心的特征。如：报纸工作者主要考虑如何运用语言文字将事情的原委讲清楚，电视工作者主要考虑如何通过画面及声音形式将故事真实地呈现在人们面前。但融合新闻模式则完全不同，由于不同形态的媒介载体形式聚合在一起，形成了统一的媒体平台，新闻工作者在这一平台上，针对细分了的用户个体，提供个性化的媒介产品和服务。这就要求新闻工作者具备多媒体思维，即掌握不同媒介的传播特点和规律，能够兼容并蓄、融会贯通地运用不同媒介，以最小的成本达到最大的传播效果。

具体来说，多媒体的报道思维包括以下三层含义：

第一，拥有多媒体的技术感。融合新闻对新闻工作者最基本的要求就是能够熟练运用各类媒体进行新闻采编，这就需要培养多媒体的技术感。新闻工作者要熟悉报纸、广播电视、网络媒体及其他新媒体的技术特征和传播特性，掌握各类新闻媒体的报道规范、采编程序和基本新闻理念。只有熟悉各类媒体技术，才能将相关的技术优势融入新闻报道中，发挥出全媒体报道的优势和特色。如：《华盛顿邮报》推出的“时空”互动新闻地图服务，就把文字、图片、视频通过一个时间轴链接起来，受众直接点击就能获得相关信息，融合了各类媒体产品的优势。

第二，善于选择合适的媒介形式。多媒体思维并不仅仅是拥有多媒体的技术感，更重要的是能够灵活地选择合适的新闻媒介。对于融合新闻时代的多技能型记者而言，最重要的能力就是能运用各种可能的形式去看一个事件，并以最好的方式完成传播。具体来说，就是面对一个新闻事件时，新闻工作者应迅速地判断哪些部分应使用文字报道，哪些方面使用动态影像；多大程度上使用网络媒体和手机媒体，多大程度上采用网民提供的内容；是用静态的图表、文字、图片进行表现，还是用动态的音频、视频及 Flash 技术支持的动画来表现；是用滚动新闻现场直播，还是用与用户互动来表现。此外，还要考虑根据不同用户的个性化需求为其提供差异化的内容等。

第三，形成以用户为中心的思维模式。多媒体的报道思维还要求新闻工作者突破固有的媒体界限意识，学会思维转换，形成以用户为中心的思维模式。融合新闻时代的受众与过去不同，他们大都是各类信息终端的用户，这就要求新闻工作者打破传统媒体的思维定式，研究用户的兴趣爱好与阅读习惯，寻找新闻报道与用户贴近的结合点，学会运用新媒体的互动手段加强与用户的交流沟通，及时获得反馈来增强报道的针对性。

内容融合改变了传统的新闻传播流程，从报道思维和媒体形式两方面实现了融合新闻的多元转换。

第三节　融合新闻的社会制约

媒介融合是当前传媒业领域里最为活跃的发展策略，但其走势受到政策法规、媒介市场、媒体人才、组织文化及社会文化等多方面的制约。

一、政策法规的制约

政策法规既是推动新闻媒介发展的外部动因，也是制约新闻媒介运行模式的重要因素。虽然世界各国政府对媒介产业的监管已经实现了从严管制到放松管制的转变，但就目前的政策法规来看，媒介融合的发展策略仍然有较大的阻力。

在媒介集团内部，也需要进行组织机制与管理模式的调整。传统的新闻传播业务以单一的媒介形态为基础，各媒体形成了自己的组织结构和新闻采编流程。如：日报按 24 小时的周期运转，而电视则根据新闻滚动、栏目架构等方面的需要来进行制作。融合新闻则打破了这样的限制和流程，采编管理成为了团队作业，媒介载体形态的使用以新闻传播效果最优化为目标，在全方位的技术运用和所有形态的媒介介质的基础上，整合新闻传播流程，日常的管理与协调成为媒介集团多媒体新闻中心的主要职责。总之，融合新闻带来了整个新闻行业的变革。

二、媒介市场的考验

市场对于媒介融合而言，显然是把“双刃剑”。一方面，技术的发展为媒介产业的发展提供了更加广泛的市场空间。技术力量正改变着媒介的现有特征：传统的单一属性的媒介终端（如：平面媒体、音频媒体、视频媒体等）向视听多媒体终端进化；以往只有单一服务的网络（如：电话网和有线电视网），如今已经可以不同程度地承担起其他网络的职责；一直局限于特定业务的媒介组织，也开始在政策的允许范围内，尝试着拓展自己的业务范围。但另一方面，技术的创新需要商业模式的支持，媒介融合进程的推进需要找到合适的市场赢利方式的支持，但目前市场赢利模式的不确定，使融合技术的推广受到了极大的制约。

（一）短期难见效益，导致全媒体融合退缩到网络融合

随着媒介市场竞争的白热化，部分媒体急于扩张市场，在明确自己的商业模式之前，就迫不及待地并购新媒体以实现跨媒体运营。等到投入大量的资金和人力资源之后，方才发现新媒体并未如预期那样为传统媒体的发展带来丰厚的利润，投入与产出不成正比。

传统媒体希望通过与新媒体的融合来拓展自己的市场，但在匆忙抢滩新媒体市场后并未探索出合适的融合之路。此外，新媒体属于高投入的行业，融合媒介的效益回报也比较慢，往往容易造成“高投入、低获益”的状况。

（二）初期赢利模式不明，导致媒介融合陷入困境

由于媒介融合使得消费者可以用无所不能的终端通过无处不在的网络，获取各自所需要的服务，因而被传媒业、电信业等行业视为未来的赢利点，这些行业都希望在实现融合之际占据优势地位，因而各自探索着最能扩大自身利益的赢利模式。在这种前提下，参与融合的行业在技术标准的确立、相互分工的确立、赢利方式的确立，以及利益分配的确立等方面均存在许多矛盾和争议，从而导致媒介融合的赢利模式未能明朗化，缺少合理的经营模式，这也成为制约媒介融合发展的重要因素。

新媒体是媒介融合的重要领域，但其赢利模式仍在探索中，以网络媒体为例，在信息免费获取的大背景下，网络媒体的赢利模式主要有三类：第一，以社区为中心的模式，这种模式在凝聚受众方面占有优势，处于金字塔的顶端，腾讯就是典型代表；第二，以产品为中心的模式，这种模式主要依赖网站所提供的产品和服务，处于金字塔的底端，以网易为代表；第三，以平台为中心的模式，这种模式侧重对信息获取平台的建构，处于金字塔的中间部分，如：新浪和搜狐。目前来说，多数传统媒体网站属于以平台为中心的赢利模式，靠高访问量来吸引广告的投放，但真正以这种模式赢

利的网站并不多。部分财经类媒体的网站以产品为中心，靠收费信息或会员费获取赢利，如：《华尔街日报》和《金融时报》。而视频播放网站 Hulu 则探索出了一条不同的模式，即在视频的片头和片尾均强制插入 15 秒左右的广告，只有付费的高级用户可以选择跳过，这种模式使得 Hulu 不必像 YouTube 一样虽然拥有极高的点击率，却难以吸引广告商。采用这种模式的 Hulu 在诸多视频播放网站中脱颖而出，率先获得了赢利。目前，这种模式已被我国大多数视频播放网站和网络电视台所采用。但像 Hulu 一样探索出合适的赢利模式的网络媒体仍属凤毛麟角。

而作为三网融合最佳体现者之一的手机电视，其赢利模式问题则更为突出。在确立手机电视赢利模式方面，首当其冲的便是要确立技术标准。我国并未采用国际标准，国内手机电视标准在信息技术领域的竞争十分激烈，目前主要有五大技术标准，它们分别是：凌讯科技的 DMB-TH、北京新岸线的 T-MMB、华为的 CMB、国家广电总局的CMMB及中国标准化协会的CDMB。这五大标准之间互相不能兼容，在此基础上，我国的手机电视领域也分化为五大派系。

当前手机电视技术标准的不统一，不仅是我国手机电视商用化发展的一大瓶颈，也是手机电视资本融合的一大障碍，它反映出广电系统、通信系统、手机设备供应商三方在利益分配方面的重大分歧。到目前为止，我国的三网融合进展不大，其原因就在于电信业、广电业在利益分配等问题上无法达成一致。由此可见，赢利模式的不确定将会极大地制约媒介融合的发展。

三、媒体人才的缺乏

在媒介融合的道路上，媒体人才既是媒介融合的践行者和推动者，同时也是制约媒介融合发展的关键因素，而目前媒介融合还面临着人才的种种壁垒。

操作技能的缺乏。跨媒体融合及全媒体的出现，意味着未来的新闻编辑部很可能成为一个会聚各种类型媒体的大本营，新闻工作者既要能做报纸版面，又要会制作电视新闻和广播新闻，同时还要能为网站和手机媒体提供新闻信息。但传统记者已经习惯于为单一媒介提供新闻，尤其是对于纸质媒体的记者来说，学会操作音频、视频、网络等新闻采编技术是一道难题。媒体人对多媒体技术的操作技能的缺乏成为实现媒介融合的一个紧迫问题。

融合意识的缺乏。媒介融合不仅要求新闻工作者具有对多媒体技术的操作技能，更要求其具备融合新闻的意识。媒介融合并不是要求新闻记者都成为“超级记者”，实际上要求媒介融合时代的记者，人人都能为各种媒介终端提供信息，这种愿望既不现实，也不可能。未来的新闻采编很可能由一个个报道小组完成，小组成员各司其职，制作适合全媒体终端的各类新闻产品。这就要求新闻工作者能够适应融合新闻采编工作流程，在面对复杂的新闻事实的时候能够迅速地找准自己在媒介融合操作中的位置，也就是要具备融合意识。而当前新闻工作者的融合意识还十分缺乏，目前已经组建的全媒体中心的记者、编辑多数来自不同类型的媒体，缺乏媒介融合的经验和意识，对相关工作流程还不太适应，这成为约束媒介融合发展的另一个问题。

思想观念上的抵制。媒介融合的经济动力来源于整合媒介资源、扩大经营范畴以获取丰厚报酬，但这对于传统媒体从业人员的意义却明显不同。对他们而言，实行媒介融合运作就意味着在同样的工作时间内，却要生产出成倍的新闻作品，而更重要的是当他们的日常工作任务被延伸到极限的时候，却没有任何额外的收入。投入的精力与经济回报的比例过于失衡，这大大削弱了员工对媒介融合的认同感，甚至出现思想抵制。

新闻从业者思想上的抵制是影响“媒体融合”进程不容忽视的因素。目前，已经有部分新闻人对媒介融合操作提出了不同的见解，他们对在有限的时间内制作出的大量作品的质量产生了质疑，认为这样只会导致泛而不精，降低新闻节目的质量，同时还认为记者、编辑职责的多而杂会使各种媒体间的工作低效率高重复。

在现实的新闻界中，对媒介融合后的内容提供者而言，其产量是很有限的，虽然他们可以谈论任何事件，可以以很快的速度报道相关新闻内容，但是好的报道总是需要花费大量的时间。这种局面的出现，一方面体现出不少新闻工作者对媒介融合理解的偏差，另一方面也是新闻工作者思想抵制的表现。

四、组织文化的碰撞

媒介融合不仅使得不同类型的媒体形式发生了融合，而且也使得各种类型的媒介组织由原来的竞争者转变为合作者，带来了组织文化的碰撞和融合。而组织文化的隔阂却造成了跨产业管理的难度，这也是所有融合媒体所面临的最大难题。

从媒介的发展史来看，不同媒介之间的文化传统大相径庭，传统媒体注重新闻的原创性和深度，而新媒体则更看重报道的速度和信息量；报纸、广播、电视等传统媒体认为以网络为代表的新媒体原创能力弱，而网络等新媒体则认为传统媒体处于产业链的底端。这种认识的差异带来了媒介组织之间价值观与管理思维的差异，也加深了媒介组织文化之间的隔阂。

中山大学的张志安认为，整合一般会引起两个企业长期形成的企业文化之间的冲突，它表现在表层的行为规范不一致上，更根本的原因在于价值观的不同。严重的冲突结果可能导致“敌意”和“严重的不舒适感”，研究将其称为“文化冲击”。由此可以看出，企业并购的成功与否不仅在于有形资产的整合，更重要的是企业文化等无形资产的整合。

此外，融合改革过程中如果产业管理没有随之调整，就会造成融合媒体集团内部一个媒体收益的同时，却出现另一媒体损益的情况。融合使得报纸获益，却使得电视台受损。这说明，实行媒介融合的媒介组织必须解决组织文化方面的差异，努力调整好相应的管理方式。

五、社会文化的矛盾

当前，社会文化对融合的接受程度尚低，这也是媒介融合发展的制约因素。人们认为媒介融合至少带来了以下三个方面的矛盾：

一是与公共利益的矛盾。人们认为，媒介融合最有可能导致的结果就是垄断产业带来的信息单一化和民主集权化。媒介融合的实质是最大限度地开发媒介资源，产生规模效应。因此，媒介融合必将会推动媒介公司完全融入市场策略，以赢利为第一目标。这一方面会弱化媒体在公共领域建构中的作用，造成媒体传统公共精神的丧失；另一方面，还可能会造成信息传播发布权的垄断，削弱信息的多元化，新闻的民主化程度将会受到严重的影响。媒介融合可能造成的对公共利益的损害成为其被社会文化所广泛接受的一大障碍。

二是与新闻自由的矛盾。人们认为媒介融合还会损害新闻自由。一方面，媒介融合之后，集团将实行规模化的新闻生产方式，通过快速、大批量的内容提供来满足各种媒介形式的需求，全媒体记者忙于在各种媒介上重复自己的观点，根本没有时间来提高报道质量，这将极大地限制新闻自由；而另一方面，融合媒介集团往往为了便于管理，从体制上并不鼓励多元声音，这就进一步限制了新闻报道的自由。因此，媒介融合所带来的信息垄断问题不能被忽视，这也成为社会文化实现媒介融合的另一个障碍。

总之，媒介融合既是资源的整合，也是利益的调整，其制约因素是多方面的，在媒介融合的道路上虽然还有一条漫长而艰难的道路要走，但所有这些制约因素都是可以避免的。譬如，通过政策法规的调整、融合人才的培训、组织文化的调适、市场模式的探索，来逐步解决新事物发展过程中遇到的问题，实现媒介融合的战略转移，否则将会被时代淘汰。

第二章　融合新闻传播的特征

融合新闻传播具有多重特征，这些特征使其区别于传统的单一媒体报道，更好地适应了现代社会信息传播的需求。这些特征使得融合新闻传播更适应当代社会信息传播的多样性和复杂性，为受众提供更为全面、深度的新闻体验。

第一节　融合新闻传播的主体特征

融合新闻是媒介融合的产物，媒介融合促使新闻传播的主体转型。在融合新闻传播的过程中，传统媒体新闻传播者的转型是基础。在传统意义上，新闻传播主体是针对大众传播而言的，大众传播是由专业化的媒介组织运用先进的信息技术和产业化的手段，以社会上一般大众为对象而进行的大规模的信息生产和传播的活动，并进而提出大众传播的第一个特征就是大众传播的传播者是从事信息生产和传播的专业化的媒介组织。与传统新闻传播的单一主体比较，融合新闻传播的主体具有多元性。融合新闻传播中，用户广泛地参与新闻生产，与从事信息生产和传播的专业化的媒介组织共同构成融合新闻传播的主体。

一、记者转型为全媒体记者

互联网不仅给媒体行业带来了挑战，也给新闻从业人员带来了巨大的挑战。在传统的报纸媒体、广播媒体、电视媒体中，由于不同的载体属性，记者是只须掌握单一技能的“I”型技能人员，进入新媒体时代，媒介之间的界限逐渐模糊，这种单一技能已经不能满足新的传播环境。融合新闻要求记者向“T”型媒介技能模式转变，要能够熟练使用多种媒介采编设备与编辑软件，能够胜任文字编辑、图标编辑、音视频编辑工作，及时发回融合新闻报道的相关素材，成为能够适应融合新闻传播的全媒体记者。

全媒体记者必须具备全媒体思维和开放性视野，突破“传者本位”的传统思维模式及媒体界限意识，变单向传播为综合服务。面对同一新闻题材，全媒体记者要能够根据传播终端的不同定位和需求，策划不同的稿件，如：电视上能播 3 分钟的视频，手机客户端更适合剪辑出最精彩的 60 秒，广播播出 1 分钟的同期声，网站以图文形式发布，微博最多用 140 字进行高度概括，微信用简洁、生动的网络化语言快速传播，综合完成平面媒体、广播、电视及网络、手机客户端等传播终端的发稿，进行差异化层级开发。

全媒体记者还应成为了解各类媒介技术、掌握新媒体采编技能、熟练运用各种采编设备的“多面手”，单一技能的新闻记者将会被淘汰。2015 年，澎湃新闻成立新摄影部，明确表示不再招聘传统意义上单一技能的摄影记者，只欢迎全能型的影像记者——会拍照片、会拍摄剪辑视频、会写稿。全媒体记者要掌握视频录制、摄像构图、录音等采访技巧，要熟悉视频剪辑、图像编辑、音频制作、手机终端应用等软件的使用，这些是对全媒体记者综合能力的考验。

二、用户成为传播的平等主体

传统媒体新闻生产的主体是单一的，以传者为中心，受众处于被动接受的地位，是“消费者或市场”；而融合新闻的生产过程中，用户成为平等的传播主体，新的参与式的“用户”文化已经逐步取代接受式的“受众”文化，媒介开始赋予受众更多的权利，重视受众在新闻生产过程中所起的作用。融合新闻生产的主体是媒介组织与用户组成的共同主体，用户的概念代替了受众的概念，用户既是新闻的消费者，又是新闻的生产者。

与传统新闻传播中受众只单向接收信息不同，融合新闻传播过程中，用户不仅要接收信息，还可以对接收到的信息发表自己的意见与看法，成为融合新闻生产的参与者，话语权处于一种增权状态。而且融合新闻传播的重要特征是跨平台传播，用户可以根据自己的喜好选择自己接收信息的平台，主动性增强。

第二节　融合新闻传播的内容特征

在新闻传播的过程中，信息是传播者向受众传播的主体内容，包含了传播者的情感倾向与价值观。在传统的新闻传播过程中，信息多呈现出固定的模板，如：同一载体的媒介大多采用同一语言符号，多为单一叙事模式，叙事逻辑也大多以时间为主要线索。而在融合新闻中，这一现象发生了变化，多媒体性赋予了融合新闻多种媒介元素的表达，话语范式逐步向跨媒介叙事、交互性叙事、虚拟化叙事等转变，可视化新闻已经成为用户接收新闻的常态，叙事逻辑也由线性模式转向线性模式与非线性模式并存。

一、多种媒介元素交融

从最明显的特征来看，融合新闻是多媒体化的新闻，但多媒体化的新闻并不都是融合新闻。融合新闻不只是多种媒介表达元素的简单相加，其更加重视媒介元素运用的交融性，为用户提供多媒体体验。所谓交融性，是指将用于呈现融合新闻的媒介元素或媒介技术有机地融合在一起，换而言之，融合新闻发生的是媒介元素或媒介技术综合运用的化学变化，而不是物理变化。融合新闻将文字的深度价值、音视频的形象亲和力、互动设置的沟通便捷优势完美地结合在一起。融合新闻的叙事符号包括文字、图片、音频、视频、互动设置等，在日常融合新闻报道中并不要求具备所有这些元素，而是根据具体题材与传播载体适当选择，但一般都含有文字、图片、互动设置等。互动是新媒体报道的典型特征，既可利用跟帖、论坛、微博、微信、二维码、意见调查、社交分享等传统形式加强互动，更可采用交互视频、新闻游戏等作为新的互动设置，增强新闻叙事符号的融合性。

新闻游戏则是一种新的互动设置。新闻可能以游戏的形态出现，或者说游戏可以充当新闻赖以传播的媒体，由此产生“新闻游戏”。新闻游戏是建立在信息收集、资料研究、创通报道基础上的内容多层次加工，新闻游戏化过程也是对内容进行挖掘和提升的过程，是媒介融合语境下的跨媒介叙事。新闻游戏一方面提高了新闻的关注度和可读性，促使信息传播更为透明化；另一方面，也重构了一种新的新闻叙事方式和叙事策略，通过互动拓展了多维融合，巧妙利用游戏环节，实现用户深度体验。英国《金融时报》推出的获得 2018 年全球数据新闻奖“年度最佳数据新闻应用奖”的新闻游戏

《The Uber Game M）就是基于对数位优步司机采访获得的信息设计的。在这款新闻游戏中用户可以扮演优步司机的角色，去面对一名优步司机可能会面对的种种困难。用户大约需费时 10 分钟、进行 67 次点击就可通关游戏。通过这样一种“体验”可以让用户更好地理解优步司机是一份怎样的工作，它所代表的零工经济究竟意味着什么，让原本很难解释的新闻有了更形象的表达途径。游戏结束后，相应的报道链接也会出现，以供用户进一步阅读。

二、叙事话语个性化、多元化的话语范式

当代著名媒介研究学者认为，每一种信息技术在具体的实在环境中都有一种相应的传播范式；传播媒介和信息技术通过特定的范式，对经验和信息进行选择、组织和展现。基于新媒体时代的动漫、互动游戏等元素，融合新闻形成了跨媒介叙事、交互性叙事、虚拟化叙事等多种叙事方式。“跨媒介叙事”就是“一个跨媒体故事横跨多种媒体平台展现出来，其中每一个新文本都对整个故事做出了独特而有价值的贡献”。譬如，新华社的“地球绿飘带”集成报道在主打产品《“三北”造林记》的基础上，又推出了多样性、系列化产品，包括新华通的集成报道、图片展览、多媒体出版物、电视专题片等，同一产品提供给用户多种阅读选择、多层次的阅读体验，通过跨媒体叙事使用户更全面深刻地理解作品内涵和意义。交互性叙事指在叙事过程中，故事线的展开并不是固定的，而会根据观众对叙事系统的输入而发生变化，如此在传达故事作者的主旨的同时，让观众产生亲身参与故事之中的感觉。在数据新闻、新闻游戏中往往较多地使用交互性叙事。2018 年，人民日报社新媒体中心发起“中国很赞”众筹 MV 活动，采用的也是交互性叙事和跨媒体叙事。3 月 7 日晚，人民日报两微两端正式发布 MV《中国很赞》，以“点赞青春，点赞中国，奋斗新时代”为主题，让网友共同参与、深度互动，用形象化的手指舞表达对祖国的热爱和祝福。轻快清新的旋律、阳光向上的歌词、自编自演的手指舞，迅速引发刷屏。人民日报新媒体中心进而发起“中国很赞”众筹 MV 活动，引导网民上传手指舞短视频，一起为中国点赞，大量网民响应号召加入线上挑战活动，纷纷点击人民日报客户端首页右下角的“中国很赞”悬浮框，进入活动页面，上传手指舞视频，一起为中国点赞。截至 3 月 18 日 20 时，活动阅读量、参与量超 10 亿。留言征集、手指舞挑战等线上活动，与“中国很赞”地铁专列、主题火车票、共享单车等线下推广的方式相结合，营造全民为中国点赞的舆论环境。

融合新闻的虚拟化叙事，是一种以虚拟场景模拟或者数据建模的方式来叙述、重构新近发生的新闻事实的活动。VR 新闻、新闻游戏、“动新闻”数据新闻、虚拟网红 IP 等融合新闻产品的虚拟化叙事丰富了新闻报道内容，增强了新闻视觉呈现效果。

三、叙事形式——可视化、交互性、虚拟性

融合新闻在叙事形式上具有可视化、交互性和虚拟性的特点。融合新闻的可视化分为“数据可视化”和“信息可视化”两种。数据可视化处理的对象主要是具体的、繁杂的数据，这样的数据是零散的，利用价值不高，但通过可视化呈现，可以将这些零散的数据整合，同时展示出事件之间的关系；而信息可视化的处理对象是抽象的、非结构化的数据集，如：一些时间和空间数据。在大数据、算法等技术的推动下，数据可视化在新闻报道的应用范围不断扩大，一些媒体还专门设置了数据解读栏目。

与数据的冰冷、客观不同，融合新闻的交互性和虚拟性更加注重用户的体验感，增强用户的代入感，使用户如同亲身体验新闻现场。例如，交互视频《背叛者的关系网》，视频中设计的每一个关系节点都可以被点击，用户可以选择自己想要了解的关系网络，对于自己不感兴趣的部分可以忽略，用户的选择并不影响视频的流畅度。

四、叙事逻辑—线性与非线性并存

网络媒体本质上是以“空间代替时间”，因此在叙事逻辑上拥有更大的自由度，大部分对融合新闻的定义也强调多元媒介信息非线性结构呈现融合、新闻呈现出非线性叙事逻辑。与线性叙事注重故事的完整性、时空的统一性、情节的因果性和叙事的连贯性不同，非线性叙事打破了观众对于时间的线性认识规律，惯例似乎都已消失，时常无迹可寻。例如，交互视频《高层建筑简史》中就包含了海量的信息素材，用户通过点击、拖、拽、划、捏等动作决定点击、观看的内容、顺序、速度、范围和形式，由于每个人的兴趣范围和知识储备不同，视频呈现出的报道顺序与逻辑也完全不同，呈现出非线性叙事的特点。

但也有学者认为：“融合深度报道虽然可以使用图形、视频、动画等多媒体信息形式，但在整体和本质上仍属于以文字为主要信息承载媒介的线性文本。”例如《雪崩》，在内容上，编辑将“焦点放在叙事内在的紧张及故事本身，确保每种媒介元素都能带给读者不同的故事体验，只须在文章需要的地方添加手段，让文章停顿下来，制造一种微妙的氛围”，避免多媒体信息形态使用过于繁杂而破坏整体的线性叙事节奏和逻辑；在形式上，特效人员通过动画模拟了冰雪崩塌轨迹的动态效果，他们事先收集了关于读者在阅读正文时拖动鼠标滚动屏幕的速度和节奏的数据，然后根据这一数据决定了动态效果最终的渲染速率，完美地配合读者的阅读节奏，让读者自然流畅地融入线性叙事流。

第三节 融合新闻传播的渠道特征

传播渠道是指信息由传者到受者之间所经过的通道。在日益激烈的媒体竞争环境中，单纯依靠个体媒介形态无法形成传播优势，融合新闻传播的渠道可以分为移动媒体、应用媒体和社交媒体三种。

一、移动媒体的个性传播

尼葛洛庞帝在《数字化生存》中提到“我的日报”的概念：我们可以从另外一个角度来看一份报纸，那就是把它看成一个新闻的界面……想想看，未来的界面代理人可以阅读地球上每一种报纸、每一家通讯社的消息，掌握所有广播电视的内容，然后把资料组合成个人化的摘要。这种报纸每天只制作一个独一无二的版本……你可以称它为“我的日报”。“我的日报”的概念在今天已经实现，这就是基于算法技术的个性化传播。

个性化从字面意义上来讲，就是非大众化的东西，更加独立、特别，具有自身强烈的特征特点。个性化推荐关键在于对海量用户行为数据的分析与挖掘，尽管各平台采用的算法技术模型不尽相同，但是其基本理念都是通过计算机程序挖掘用户的阅读习惯和社交兴趣图谱，敏锐地判断用户阅读下一条新闻的可能，以及这一条新闻与前一条之间的关系。在后续使用过程中，这一图谱也通过不断的记录、摸索和算法优化来进一步强化其信息推荐的“智能性”。

除了个性化推荐外，用户生产内容的传播过程中也包含了很多个性化的内容。“网络加入大众媒介后，最令人振奋的特点是将一部分大众传播者的权利分给了受众，与此同时也将一部分传播技术的使用权转给了受众。”“草根”是受众中的绝大多数，新媒体的兴起在媒介使用方面给予了他们更直接的权利，草根们自己“讲述老百姓自己的故事”，创造出原汁原味的“草根文化”。例如，个人公众号、朋友圈等就是草根文化的一个典型平台，每个用户都有自己的兴趣与观点，通过匿名的或者实名的公众号文章或朋友圈，每天都会产生大量的新观点，这些内容都是个性化的东西，观点之间的交流是个性思维碰撞的结果。

个性化传播的兴起，使受众有了更多的消息来源，打破了大众传媒“一统天下”的局面。

二、应用媒体的强制传播

与移动智能终端中新闻传播的个性化、私人化不同，网络应用程序所经常使用的弹出式新闻传播则是一种强制传播，如：微信平台中腾讯新闻的自动推送功能，对于这一类信息，受众没有选择的余地，只能被动接受。所谓强制传播，是指新媒体的运营机构或个人在没有征得公民意愿的情况下，以强制手段扩散信息以求达到某种目的的传播行为。

网络新闻体中强制传播现象复杂多样，其中最常见的就是弹出式广告，如：新浪、搜狐等各大门户网站中均能见到弹出式广告窗口。这些广告窗口由于其信息利用率较低，极易引起广大网民的反感和厌恶。

另一种形式则是弹出式新闻。“弹出式新闻的技术原理与弹出式广告基本相同，两者的最大区别就在于它们所呈现的内容。弹出新闻的对话框是多种信息的集合与集纳体，且具有极强的时效性。”

对于新闻信息的强制性传播，陆地和高菲两位学者将其称为“有益的强制性传播”，因为“这些重大的新闻资讯、天气预报、路况信息等，对于受众而言起到一种趋利避害的功能，或者能够满足其特殊需求，在他们的相关调查中多数受众对于收到的强制性新闻资源内容持肯定的态度，认为是一个补充消息来源、了解新鲜事物的有效渠道”。

有意思的是，这些新闻信息的强制传播者并不是传统意义上的媒体，而是一些应用软件，如：社交软件、网络下载软件、音乐播放软件、视频软件等。作为一款应用软件，其提供非营利新闻信息的动机极为明确，那就是在以新闻吸引受众注意力的同时，将受众销售给广告主。由于这些弹出窗口常常一半新闻一半广告，所以既不使受众厌烦又能实现其商业目的。

这些强制性传播有利也有。“送上门”的新闻，虽然在一定程度上方便了用户获取信息，但内容方面的不规范、质量低等问题也时时困扰着用户。用户对弹出的信息如果不感兴趣，有的可以自行设置阻止页面弹出，但有的却不可以设置，这就有了捆绑销售的嫌疑。

三、社交媒体的交互传播

社交媒体也称社会化媒体，最大特征是其内容的生产和消费行为的“社会化”。广义地说，社交媒体应该涵盖两个方面，既包含用户生成的内容，又包含用户间的关系，并且通过社交媒体中的内容建立和维护用户间的关系。社交媒体允许人们生产信息、分享信息，并通过评价、讨论等方式筛选和传播有利于使用者的信息。

信息技术变革促使各类网络应用彻底打通了用户数量和市场规模的瓶颈，社交媒体开始迅速发展并凸显其广阔的市场价值。社交媒体的发展变革改变了信息传播的渠道，并逐渐形成了以其为主体的信息生态，这种信息生态已经渗透到各个角落，融合到社会生活中，影响着人们的行为。很多人改变从报纸、电视等传统媒体获取新闻信息的习惯，越来越多地在社交媒体平台上获取新闻信息。

微博、微信等社交媒体，以及抖音、快手等短视频平台是融合新闻重要的传播渠道。各个媒体机构一般都有自己的微信公众号，对于编辑制作的融合新闻，媒体机构除了在其移动终端进行传播外，也会通过社交媒体平台发布。2019 年 7 月 29 日，中央广播电视总台新闻新媒体中心推出短视频栏目《主播说联播》，从当天《新闻联播》播发的新闻出发，以视频 + 图片 + 文字的方式，结合重大事件和热点新闻，用年轻人喜爱的通俗易懂的语言、更加接地气的锐评传递主流声音。8 月 16 日，《新闻联播》微信公众号上线；8 月 24 日，《新闻联播》入驻快手、抖音，主推《主播说联播》。微信、微博、快手、抖音，多平台多媒体传播取得了很好的传播效果，圈粉无数。2022 年 5 月，《新闻联播》快手、抖音官方账号粉丝量已分别达 3574.1 万、2709.5 万。对于互联网用户来讲，分享是他们的天性，他们每天在社交媒体上转发大量信息，“晒”出各种各样的内容，在收受新闻的过程中也会进行社交分享。“在人类历史的大部分时间内，社交关系网是新思想和新信息传播的主要手段，无论是以口头的还是书面的形式。”从形式上来看，当下的社交媒体在一定程度上回归了传统的人际传播，但是这种回归与传统的社交有质的区别。

社交媒体的显著特征是通过节点连接而形成传播行为。连接的节点越密集，网络社交能力、信息传播力往往也更强。社交媒体这一特征使其不断催生各种活跃人群，成为网络生态链上一系列重要节点。对于自己接收到的新闻，用户可以通过不同社交平台进行转发和传播，国内如 QQ、微信、微博、贴吧、博客等，国外如推特、脸书等，扩大融合新闻的传播范围和影响力。在对媒体与新闻的评价中，社交分享成了评价新闻的一个重要指标，与传统媒体的调查相比，社交分享提供了公开透明的用户意见，“记者可以实时了解作品的热门程度，竞争对手同样可以对某篇文章的热门程度进行分析”。

社交媒体通过关系链实现了物理空间的人际交往的关系网的形成，并以此为基础，形成了社交媒体的参与互动机制，也就是社交媒体构筑了人际关系网，同时又通过技术促动了社会个体的相互关联。社交媒体首先建构了一个互联的关系结构空间，进而形成了形形色色的社交群体，通过这些社交群体的信息分享，融合新闻又得以再次发生传播，实现了 1 ＋ 1 ＋ 1>3 的传播效应。

第四节　融合新闻传播的受众特征

互联网技术和通信技术的发展给各行各业带来革命性转变，作为传播学科建构的核心概念“受众”，也在这一冲击下从内涵到外延都发生了深刻变化。随着传统大众传播的技术革新，传统模式被打破，新媒体出现，媒介模式由线性化、技术化、消费型的受众模式，转变为非线性、社会化、生产与消费融合的用户模式。融合新闻传播从以“受众”为中心也转向以“用户”为核心。

一、多元化的受众

“互联网十”时代，新媒体技术促使受众身份复杂多元。受众首先是作为大众存在的受众，具有大众惯性；随着互联网崛起的粉丝受众，作为过渡的大众文化消费者和意义的生产者，是一个特殊的受众群体；而作为媒介的使用者——用户，相较普通受众而言更具主动性和个性化。准确了解和把握大众、粉丝、用户多种受众身份，是推进“互联网＋”时代传媒产业发展的前提和关键，也是有效进行融合新闻传播的基础。

美国社会学芝加哥学派的布卢默最早用“大众”概念框架来分析“受众”，他将受众这一新型集合体的形成视为现代社会各种因素相互作用的结果，并称之为“大众”。“互联网＋”时代，技术的更新使传媒的发展日新月异，同时也在不断重构受众的角色与身份。大众、粉丝、用户是“互联网＋”时代受众所具有的多元身份，其中，受众脱胎于大众，而粉丝和用户又是“互联网＋”时代特殊的、极具代表性的受众群体。

“互联网＋”时代，传媒内容的制作、生产、传播都离不开对受众身份的定位。大众是受众与生俱来的身份，受众始终是大众的一部分，大众传播媒介的传播者总是不断追求受众的大众化、最大化，如：电影的高票房、电视节目的高收视率和网络内容的海量点击。而定位受众为粉丝身份的传播内容则能迅速转化为高票房和收视率，近年来不断涌现的“粉丝电影”之所以有票房、明星综艺之所以有收视保障，就源于粉丝经济的强大后援。定位受众为用户身份的传播内容更适合分众传播，也更具有互动的传播特征。

互联网技术的发展给予了受众更多的信息来源，不再是报纸报道什么，电视、广播播放什么，受众只能被动接受，他们可以根据自己的兴趣爱好等选择恰当的媒体获取信息，如：客户端、网络媒体、社交媒体等，也可以通过微博、微信平台转发、跟帖、评论发表自己的观点。“受众”的身份开始发生变化，成为媒介的使用者用户。

二、主动的受众

在融合新闻传播中，用户的主动性首先表现为选择的主动性。随着智能手机、平板电脑和无线网络的普及，用户可以自主选择接收信息的时间、地点和媒介。用户不仅可以通过门户网站、百度等搜索引擎、关注微博和微信公众号等方式，主动发现、搜寻、收集和组合信息，还可以通过自己的社交关系网络筛选信息，了解周围朋友的意见与观点，建构个人的信息选择机制。

用户的主动性其次表现为参与的主动性，通过反馈互动和转发分享等形式，参与传播过程。用户与传者、用户与用户之间还能进行双向和多向互动，这些反馈互动的信息和内容有些会直接被采纳收集参与传播内容的制作当中；最重要的是，通过互联网的大数据技术分析这些用户反馈信息，了解用户的信息需求，最终能主导乃至决定传播的内容和方式。转发分享信息内容也是用户主动参与传播的重要途径。在互联网世界，每一个网络用户都是传播的“节点”，他们既是信息的传播者、接收者，也能通过转发分享成为信息的再次传播者，特别是在社会化媒体双向传播的过程中，用户是节点的实体，以自己的自主性和创造性激活每一个节点。

用户的主动性还表现在生产的主动性上。新受众，不再仅仅是信息的接收者，同时也是信息的传播者，他们有强烈的传播愿望、传播能力。受众的这种“传播景观”一方面表现在内容生产上。互联网时代是一个全民皆记者的时代，对于身边发生的新闻事件，用户可以用手机拍摄、记录、传播，实现内容生产。另一方面体现在“舆论走向”的制造中。对于发生的新闻事件，用户可以通过“评论”“留言”“转发”“行动”等方式发表自己的意见与看法。“无数个同质评论汇集一处会形成一种加强舆论，无数个异质评论汇集一处又会形成对抗舆论，而在关键节点上的评说还有可能影响舆论走向完全不同的方向。”

三、个性化的受众

各种便携的互联网移动终端，如：手机、平板电脑、穿戴式设备等，增加了受众参与媒介传播的渠道，满足了受众多方位的需求，极大地拓展了大众传播的传播效果。同时，受众也不再隐藏在大众之中面目模糊不可辨认，他们通过使用各种媒介终端，成为个性化的用户。个性化是互联网等新媒体技术用户区别于传统受众的重要特征。

互联网技术为用户的个性化选择提供了可行性。在传统的以传播者为主导的大众传播过程中，信息接收者只能在有限的传播内容中进行选择。互联网一方面为用户提供了主动寻找选择个性化信息的技术，如：网络的搜索引擎及各种搜索功能：另一方面，还提供了为用户推送个性化信息的技术。互联网的个性化推荐技术让属于“你”的个性化信息找到你。个性化的“推荐算法”已成为网络用户个性化的一个突出表现。

第五节　融合新闻的传播效应

数字技术的兼容性和建构性打破了不同媒介间的形态壁垒，融合新闻实现了多种媒介在各环节上的统筹集约和相互渗透，产生多种传播效应。所谓传播效应，即在特定的传播环境下，社会信息在内外力相互作用下形成的一种联动感应现象。目前，融合新闻的传播效应主要包括长尾效应、叠加效应、波纹效应、窗口效应四种。

一、长尾效应

长尾理论由美国《连线》杂志主编克里斯·安德森在2004年10月提出，用来描述诸如亚马逊和网飞之类网站的商业和经济模式。他认为，“如果把足够多的非热门产品组合到一起，实际上就可以形成一个堪与热门市场相匹敌的大市场”。在长尾理论的模型图中，正态曲线中间的突起部分叫“头”，代表了传统大规模生产的热门商品；右边相对平缓的部分叫“尾”，代表了个性化、差异化的小规模定制的冷门产品。大多数的畅销产品都集中在短头区域，这里的“头”和“尾”是两个统计学名词。长尾曲线只是一种理论概括，它可以广泛地应用在多个领域，形成长尾效应。

在融合新闻传播市场当中，2/3的传播媒介为电视、报纸等传统媒体，1/3的传播媒介则是以新媒体为代表的各类小众媒体。这些小众媒体虽然发展时间较短，在市场中所占份额和公信力与传统媒体相比较低，但其迅猛的发展速度和逐渐扩大的发展规模在新闻行业中占据了“长尾”的区域。

互联网兴起之后，各类媒体平台纷纷兴起，个体获取信息的渠道不断增多，为了能够吸引与留住核心受众，市场越来越被细分化，不同媒体和平台核心受众的特征越来越清晰化。大众传播带来的是所谓的“大众兴趣”，而在信息时代，大众兴趣开始转化为独特兴趣。用户面对无限多的产品，除了通过大众媒体了解必需信息之外，也更加注重发展自己的独特兴趣，选择自己感兴趣的产品。因此，融合新闻内容生产和传播的长尾效应在于从消费者的角度出发，细分受众群体，注重产品的差异化，以多种产品占据更为广阔的市场份额，提升竞争优势，创造高额利润。为提升内容质量和产品的多样性，让媒体人的创意产生更大的内容价值，人民日报“中央厨房”创新机制，组建了麻辣财经、学习大国、一本正经、国策说等多个融媒体工作室，鼓励报、网、端、微采编人员按兴趣组合、项目制施工，资源嫁接，跨界生产，充分释放全媒体内容生产能力。

二、叠加效应

叠加效应是一个遗传学概念，融合新闻的叠加效应是指两种或两种以上的技术融合后形成某种新传播技术，使融合产生的新传播技术和新媒介的功能大于原来各部分的总和。

传统媒体由于采用线性的传播方式，虽然信息容量和传送速度受到极大限制，但其信息真实性、客观性及媒体公信力得到了受众的极大认可，拥有较好的受众基础。数字技术可以突破不同媒体之间的形态壁垒，为多种技术的融合提供天然条件。架构在数字化通信技术基础上的融合新闻传播，可以将文字、图像、声音、视频、动画等多种形态的信息汇总进行创造性的聚合、开发，实现资源的优化配置，根据不同媒介本体的特征制作新闻产品，在内容、技术、网络、终端四个形态向度上呈现融合的态势，包容多种介质，传播效果可以产生良好的叠加效应，实现内容增值。

三、波纹效应

波纹效应，本是一种物理学现象，指在平静的湖水中扔下一颗石子，产生的水纹会以很快的速度与周围的水域产生共振波，并不断扩散至更广远的领域，形成一种共振的体系。新闻事件的报道和传播也显示了这种“水纹式”的扩散特征，即一个事件的发生犹如投石入潭，会产生很多波纹，媒介的报道应该像在潭中的波纹一样不断扩散，并逐渐形成一种完整的报道体系。新闻报道效应的影响面会随着波纹的到达区域而迅速扩展，依据媒体的传播速度和时效性的不同而扩散。

教授彭兰指出，全媒体化是指“一种业务运作的整体模式与策略，即运用所有媒体手段和平台来整合、建构大的报道体系”。在全媒体时代，一个新闻事件的传播不再是传统的单一媒介渠道的传播，而是不同媒体平台根据各自受众特征的不同，采取不同的形式进行报道，实现新闻信息的及时更新和逐级传播，使新闻事件能迅速地传播给各个领域的受众，从而形成一个完整的报道体系，放大了新闻的传播效果。

针对一个新闻事件，在最初的素材收集阶段，由新闻编辑中心统一策划，选定选题，然后统一行动，分工合作，汇集全体力量采集新闻素材；在新闻编辑制作阶段，由编辑将汇集到编辑中心的素材进行整理，与各种技术手段相融合，在信息互通的基础上取用适合各自平台的内容，对新闻素材进行深度挖掘，进行编辑制作，实现内容的多元化、多角度、多层次开发；在新闻发布阶段，不同媒体加工后，呈现给受众的是既有差异又能全面展现新闻事实的产品，根据不同媒体的形态，形成有梯度、多元化的报道体系，满足受众的不同需求，实现传媒影响力的全面渗透，最终形成规模化的新闻媒介品牌效应。

四、窗口效应

窗口效应，即同一内容的产品能够以多种形式从多种“窗口”输出，从而扩展整体产业链的效应。这一理论应用在传媒领域，即同一内容的信息产品经过采集、编辑、制作完成后，能够以多样化的方式进行报道，通过多种形式从媒介端口输出，满足用户的多元化需求。

传统媒体的产业链模式中，产业链主要是围绕某一单一的媒介载体展开的，从生产到传播呈现出纵向的线性传播结构。媒介融合后，数字技术打破了不同媒介之间的壁垒，同一媒介产品不单单在一种媒介平台进行传播，也可以在其他媒体平台进行发布，形成具备相关结构特性的媒体产业群体，原本呈现分立状态的媒介组织结构开始实现联动并逐步走向统一。新闻传播者可以采取不同的报道方式将内容分销到不同的窗口进行发布和传播，满足了不同媒介终端用户的个性化和多元化需求，放大了产品的窗口效应，并且从整体上实现了传媒产业链的存量增值。

基于融合新闻报道方式的窗口传播效应，各媒体应从技术上拓宽渠道资源，开辟新的传输渠道，使多样化的信息形态产品可以实现最大化输出。

融合新闻传播在主体、内容、渠道、受众及传播效应方面都表现出了不同于传统新闻传播的特征。融合新闻传播的主体由专业化的媒介组织与用户共同组成，具有多元性；传播内容改变了以往单一语言符号的线性传播模式，多种媒介元素交融，叙事形式丰富，线性传播模式和非线性传播模式并存：传播渠道包括移动媒体、应用媒体和社交媒体；线性化、技术化、消费型的受众转变为非线性化、社会化、生产与消费融合型的用户；在数字技术、移动互联网技术的支持下实现了多种媒介在各环节上的统筹集约和相互渗透，产生了包括长尾效应、叠加效应、波纹效应、窗口效应等多种传播效应。

第三章　融合新闻的报道原则

融合新闻的报道原则旨在整合不同领域的信息，提供更全面、深度的报道，以满足当代受众的多样化需求。融合新闻报道的原则是在传统新闻报道的基础上，结合多学科、多媒体、深度挖掘等手段，以更为全面、深入的方式呈现信息，以适应现代受众对新闻的多样性需求。

第一节　尊重新闻价值

所谓新闻价值，是指选择和衡量新闻事实的客观标准，也就是事实本身具有的，足以构成新闻特殊素质的综合，是新闻的质的规定性。新闻价值的构成因素，历来是新闻界中一个有争议的话题，不过，对其包含的主要因素是有共识的。这些主要因素包括：时新性、重要性、显著性、接近性、趣味性。融合新闻不管以何种形态呈现，都首先要求其必须是新闻，必须具有新闻价值。

一、时新性

新闻是对新近发生的事实报道，传递的是最新消息。从时间角度来看，有人把新闻称为“易碎品”，它的存在只是历史的某一瞬间。所以，报道新闻要讲求时效，要抢时间、争速度，事件发生后要尽量在最短的时间内以最快的速度传播出去。如果忽略了“新近”这一条件，所报道的即使是事实，也不是新闻，只能是历史了。所以，人们常说：历史是昨日的新闻，新闻是明日的历史。

新闻的“新近”不是绝对的，它受多种因素的制约，最主要的是受经济和科学技术发展水平的制约。新闻的“新近”是随着多种因素的变化而变化的。

在融媒体时代，社交媒体、人工智能的参与下，一些突发性事件在发生的第一时刻，往往就能被现场的用户记录，实现即时传播。首届中国国际进口博览会上，新华社联合 13 家媒体，运用“现场云”移动采编平台，媒体记者边走边拍边发。这些丰富的现场报道资源实时进入，通过视觉、语音、自然语言等多方位的智能化处理进行标签化及结构化，并凭借媒体大脑的智能价值判断、智能标签整合能力，快速生成有看点的短视频片段，批量生产主题聚合类视频。

及时性是新闻的本质特征，时间上的迟缓会使新闻丧失生命力。及时的新闻才具有新闻价值。追求报道的及时，要注意对新闻内容进行核实，避免造成失实。也就是说，要在新闻真实的前提下，讲求新闻报道迅速、及时。及时性的要求不应被简单化地理解为在报道时间上越抢先越好。如果因为一味地抢先而导致报道失误，则有损于新闻的真实性原则，而真实性恰恰是新闻的生命所系。德国新闻界的同行已经提出，对专业媒体来说应当提倡慢新闻学。因为在新媒体时代，不再是追逐越快越好，而是越深越好、越慢越好。只有慢起来，报道才可能真实、专注、深入，才可能给读者带来更深刻的分析、更全面的视角。

时新性不仅要求及时，而且要求具有新意。新意，有人称其为新奇性，认为“新奇性是新闻的根本性质”。从广义的角度看，这一提法无疑是正确的。新闻不能离开新意，没有新意的变动的事实不能成为新闻。从心理学的角度来说，人们喜欢新奇的东西。新的事物、新的现象，能满足人们的好奇心；新的思想、新的见解，能满足人们的求知欲。司空见惯、老生常谈的东西，不能引起人们的关注及诱发人们阅读的兴趣。要从众多的事件或者现象中，选择出有新意的内容，新闻编辑必须具备准确辨别的能力。

什么样的事件或现象具有新意呢？

一个是首创的、第一的。这一类事件或现象，是对已经存在的固定态势的突破，或是对大家已经认同的常理的挑战，它为人们提供的信息是大家未曾知道甚至是出乎意料的。例如，第一次原子弹爆炸、第一颗卫星上天、奥运会上第一块金牌的获得、第一只克隆动物的诞生、第一次发射载人飞船等，都属于这一类。所以，首创的、第一的事件或现象，一般具有较强的新意。它可以使读者耳目一新，引起读者的惊异、激动，激发人们去探索、奋进。

另一个是不同于以前、不同于一般的。不同于以前，指的是一事物的现状与历史相比较，所呈现的新的状态。它的新意是通过比较而产生的，这种比较叫作“纵”的比较。它所提供的消息，是在人们所知晓的一些内容的基础上的新的进步和发展，信息的内容具有新的因素和新的特点。

二、重要性

新闻的重要性，有人称之为“影响力”，是由新闻所报道的事件、现象对社会产生的影响所决定的，影响所涉及的社会领域、社会成员越广泛，影响的程度越深刻，重要性越显著。考虑重要性因素，就是要从当时当地的具体情况出发，认识和选择那些与大多数人利益密切相关的事实。

一条新闻是否重要、其重要性是大还是小，取决于同受众的关系。这里包含两层意思：一层意思是说涉及的受众人数的多少。涉及的受众人数多，则重要性就大；反之，则重要性就小。另一层意思是说它同受众关系的密切程度。同受众的关系密切，则重要性就大；反之，则重要性就小。一般来说，具有重要性的事件有：关系到党和国家前途及人民、民族命运的事件，有重大突破或重大影响的事件，能够引起广泛社会舆论关注的热点事件，和人民群众的日常生活关系密切的事件，能够为人民群众释疑解惑的事件。在新媒体时代，重要性的内涵有了进一步的拓展和细化，更多是基于用户的视角，由用户决定的。换句话说，用户需要的、对用户有用的，才是重要的。随着用户需求的细分化，新闻的重要性表现出了细分化、个人化的特征。今日头条的个性化推荐、封面新闻“千人千面”的定制化信息服务，都体现出了融媒体时代对用户差异化需求的关注。

在融媒体时代，突出新闻的重要性，必须牢牢把握用户，在大数据的支持下，对用户精准画像，在此基础上借助数据挖掘、机器学习与写作、兴趣推荐算法给不同的用户推送不一样的“头条”、不一样的“封面”。

三、显著性

显著性是指事件中的新闻人物、时间、地点具有引人注目的特质。显然，这是指新闻人物、时间地点有非同寻常之处，有一定的知名度。

这里我们先谈显著性中人物这一因素。在西方曾流行一时的“新闻数学公式”很能解释这一因素，可参考这样几个公式：

平凡人＋平凡事≠新闻

不平凡人＋平凡事≠新闻

平凡人＋不平凡事＝新闻

不平凡人＋不平凡事＝好新闻

就人物这个要素来说，同样一件事，知名度高的人做可能具有很高的新闻价值，不具有知名度的人做则可能具有一般的新闻价值，或完全没有新闻价值。在社会上有一定影响力的人物，如：英雄、模范、著名科学家、艺术明星等的言行，往往能引起公众的注意。因此，他们的言行往往也能成为有价值的新闻。

显著性这一特征在融媒体时代仍然是判断新闻价值的一项重要指标，但对其理解已完全突破了名人、特殊环境的限制，更强调“受关注”这一本质，用户的关注度成为重要的衡量指标。用户关注度可以进一步量化为页面点击量、跟帖评论数、点赞数量、分享数量等指标，我们可以通过查看这些指标，判断显著性的大小。一则信息如果用户阅读量、跟帖评论量、点赞数、分享量高，用户关注度高，其显著性就大，信息的新闻价值也就大。各类媒体对这则信息新闻价值的判断更多来自于用户对这一信息的关注，尽管这则信息本身也有足够的重要性，但却未被众多媒体记者所重视。这也表明，在新媒体时代，由于用户关注度可以较精确量化，显著性更容易成为融合新闻报道中记者判断新闻价值大小的一个衡量指标。

四、接近性

新闻报道的内容与受众的接近程度也是衡量新闻价值的标准之一。徐宝璜（1894年-1930年），字伯轩，江西九江人，本科毕业于密歇根大学，曾任北京大学文科教授、《北京大学日刊》编辑处主任、北京大学日刊编辑部负责人、新闻研究会主任等职。徐宝璜在《新闻学大意》中说：“新闻之价值，又与新闻发生地与登载地相隔之距离，为反比例。距离近，则价值高；距离远，则价值低。”这里谈的就是地理上的接近问题。接近性还包括年龄的接近、职业的接近、性别的接近、文化的接近、民族的接近、心理的接近等。

一般情况下，离某人距离越近、关系越密切的事情，他会越为关注。由此看来，越接近读者的事实，其新闻价值越高。例如，“我—亲友—周围的人们—外地的人们—国外的人们”，成正比例排列。

选择具有接近性的新闻应该注意的是：

第一，不能因强调新闻的接近性，而忽略对重大新闻的选用。不论是全国性媒体，还是地方性媒体，因为各个媒体的对象、范围不同，它的接近性就有不同的含义。如果省级媒体过分强调地理上的接近，只选用省内新闻，势必忽略对国际和国内重大新闻及其他省市新闻的选用。受众的需要是多方面的，他们除了需要了解身边的情况以外，还需要了解外地及国内的信息。所以，我们选择新闻，在保证本报的特点的同时，也不能忽略对重大新闻的选用。

第二，在重视新闻接近性的同时，也要重视具有相关性的新闻。相关也是一种接近。有时虽然职业不同、年龄不同甚至地理距离遥远，但与自己相关，同样能引起自己的关注。譬如，学生与教师相关，有关学生的新闻，教师就比较关心，有关教师的新闻，学生也比较关心；消费者与生产者相关，有关消费者的要求，生产者就比较关心，有关生产者的产品情况，消费者也比较关心等。虽说互联网传播使全球成了一个“地球村”，但关注发生在自己身边的事情，关注与自己相关的事情，是人之天性。对融合新闻报道而言，新闻的接近性依然有重要意义。融合新闻传播强调互动，用户利用跟帖、留言、转发等功能，可以及时便捷地表明观点和态度，与新闻报道形成互动，甚至成为融合新闻报道的有机组成部分，“这种互动拉近了新闻与用户的情感距离，增强了新闻的接近性”。

同时，融合新闻传播中新媒体技术的使用也使得新闻传播在接近性上更加精准。LBS 技术可以锁定用户的位置，算法可以更精准地了解用户的信息喜好和情感需求。这些都有利于融合新闻报道有针对性地推送更加贴近用户的新闻信息，方便用户获得最具有接近性的信息。

五、趣味性

趣味性就是能引起广大受众关注与兴趣的因素，指新闻信息中具有奇特性、冲突性、人情味等因素。趣味性是西方新闻学者首先提出的，过去我们对这个标准无意认可或避而不谈。随着新闻改革的深入，新闻竞争的激烈，编辑在选择稿件时，也越来越重视趣味性这个标准，使新闻报道为普通百姓喜闻乐见。

一般来说，具有趣味性的事件有下列几种情况：

一是具有反常性的事物，即某人或某事明显地不同于周围同类的人或事，或者无法用常理做解释。反常的事物最容易引起人们的无意关注，人们也最容易对此产生普遍兴趣，譬如，有关“水怪”的新闻、“毛孩”的新闻等。这类人和事反常性越强，其新闻价值越大。二是具有曲折情节的冲突性事件。事件冲突越激烈，人们会越感兴趣。这种冲突包括人与自然、人与人、国家与国家的斗争冲突等。三是富有幽默感、耐人寻味的事件。这类事件包括金钱、幽默、悬念等。

弗兰克•劳埃德•赖特（Frank Lloyd Wright，1867 年 6 月 8 日 -1959 年 4 月 9 日），出生于威斯康星州里奇兰森特圣杰尔，作家、艺术收藏家、哲学家，工艺美术运动（The Arts & Crafts Movement）美国派的主要代表人物。美国最伟大的建筑师之一，建筑学派“田园学派”（Prairie School）、“芝加哥学派”的代表人物。赖特在《大众传播：功能的探讨》中提出，传播除了具有环境监测、社会协调、社会遗产传承功能外，还具有提供娱乐的功能，以满足人们的精神生活需求。现代社会，生活节奏不断加快，生存压力不断加大，人们更加重视媒介信息愉悦身心的功能。趣味性的意义就在于为用户提供轻松愉悦的媒介使用体验，缓解精神压力。

融合新闻报道可以综合运用文字、图片、动画、音频、视频等多种元素，在实现趣味性方面有得天独厚的条件。新闻报道者以喜闻乐见的动画微视频形式形象，幽默地解读抽象难懂的法律条文，普及国家监察法知识，吸引网友关注、评论和转发。截至 3 月 14 日 20 时，全网浏览量累计超过千万。

世界编辑论坛发布《新闻编辑部趋势 2015》报告指出，在世界各地的新闻编辑部出现 9 大趋势，其中第一大趋势就是“游戏、虚拟现实、可穿戴技术与新闻融合”。游戏、虚拟现实、可穿戴技术都是增强新闻趣味性的，是让缺乏吸引力的题材变得有趣的有效元素。半岛电视台的互动社交网络平台推出的新闻游戏《海盗捕鱼》就曾为半岛电视台网站吸引了 80% 以上的新增用户。游戏和虚拟现实技术正在改变新闻媒体生产故事的方式，作为吸引用户关注、增强用户黏性的有力手段，而趣味性在融合新闻报道中的地位也将会进一步提升。

第二节　遵循新闻规律

新闻规律就是指新闻现象具有的相对稳定的特征和演变趋势，或者新闻活动内在的稳定关系及其变化趋势。遵循新闻规律首先要明确新闻规律对新闻传播活动的客观要求。真实、客观、公正是新闻传播的基本专业规范，融合新闻报道也应遵循这些基本原则。

一、真实性原则

真实是新闻的生命，是新闻媒介的立身之本。真实是指新闻报道的内容与客观事实之间的准确度，新闻真实要求新闻报道必须完全符合新闻事实，能够呈现现实社会的真实图画，全面、准确地反映客观实际，真正成为时代的记录者。在融合新闻报道中要做到真实，必须要处理好真实和时效、真实和流量、真实和技术之间的关系。

（一）真实和时效的关系

新闻必须要新鲜，要在第一时间内及时传播，但追求快、时效性的前提是确保新闻真实、准确，不能以牺牲真实为代价，一味地追求快。

在融媒体环境下，新闻发布渠道大大增多，很多新闻信息不需要通过专业媒体报道，就可以在各类自媒体上发布消息，这确实给专业媒体增加了很大的压力，生怕迟发、漏发重大新闻，于是很多传统媒体也利用“两微一端”争相抢发新闻。新媒体时代，融合新闻报道中，如何处理“真”和“快”的关系？一些学者认为，“对于受众来说，他们在新媒体渠道获取新闻的时候，往往并不关注其来源；然而一旦被证实是虚假新闻，他们反而会去考察一下究竟哪家媒体出的错”。专业新闻媒体以牺牲真实为代价的“快”，丧失的正是用户对专业新闻媒体所倚重的公信力优势。因为在新媒体时代，不再是追逐越快越好，而是越深越好、越慢越好。只有慢起来，报道才可能真实、专注、深入，才可能给读者带来更深刻的分析、更全面的视角。认真核实信息，确保新闻的真实性，是媒介的立身之本，真实性永远高于时效性，英国 BBC 的新闻规范“正确比速度更重要”值得所有媒体、记者铭记。

（二）真实和流量的关系

新闻的流量意味着新闻的热度、关注度，在流量变现的时代，社交媒体、内容平台必然要想办法拓展流量，以吸引广告主。许多自媒体为了可以变现的流量，不惜大搞“标题党”“花边新闻”，肆意歪曲事实，耸人听闻。在融媒体时代，“两微一端”几乎是传统媒体的标配，为了点击量、为了流量，很多传统媒体罔顾新闻的真实性，在“两微一端”推送虚假报道。

我国《新闻记者证管理办法》明确规定：“新闻记者使用新闻记者证从事新闻采访活动，应遵守法律规定和新闻职业道德，确保新闻报道真实、全面、客观、公正，不得编发虚假报道，不得刊播虚假新闻，不得徇私隐匿应报道的新闻事实。”同时，违反规定将给予警告、罚款、吊销其新闻记者证，构成犯罪的，依法追究刑事责任。这一规定不仅适用于传统媒体，同样适用于新媒体，适用于融合新闻报道。

（三）真实和技术的关系

在融合新闻报道中，数字媒体技术是把双刃剑。数字媒体技术可以帮助记者更加精确地获知信息，更加生动地呈现新闻。2018 年 3 月 5 日，30 位观众在新华网影视传感评测实验室同步观看政府工作报告会议，在总理做报告的 100 多分钟内，生物传感机器人实时捕捉、自动计算、实时收集观众情绪生理变化，通过人机交互等技术转化为数字，获取受众生理和心理数据，精确分析出“心潮澎湃”的瞬间，以科学的“读心术”描绘出观众在听政府工作报告时最真实的“情绪曲线”。情感交互技术、人工智能使得新闻报道更加精确。利用VR技术的全景新闻则把平面的现场报道转变为三维、立体的临场式体验，使报道变得更加真实，呈现给用户的信息更加饱满。

但是，数字媒体技术如果被别有用心者利用，则有可能成为虚假新闻传播的帮凶。数字技术的发展改写了人们“耳听为虚，眼见为实”“有图有真相”的认知，新闻照片可能是摆拍、拼接的，视频可能是自导自演的。

融合新媒体技术为快速采集和呈现信息提供了便利，但如果缺少必要的核实过程的话，则更容易产生虚假新闻。在“即时新闻”时代，信息自动抓取技术确实能够快速获取信息，发布新闻，融合新闻工作者如果缺少正确运用新媒体技术采集和呈现新闻的技巧，缺少深入调查、多方核实的话，则会造成新闻失实的严重后果。同时，虚拟现实技术、增强现实技术、模拟图、仿真图在融合新闻报道中的运用，固然可以让用户身临其境，但是这个环境毕竟是打破时空、“被创造”出来的场景，是虚拟和现实合成的世界，这样的场景是否可以称之为“真实”？采用数字技术模拟再现新闻事实的融合报道中，会不会掺杂新闻工作者的“合理想象”？会不会损害新闻真实？以上种种表明，媒介技术发展给我们提出了新课题。从事融合新闻报道的新闻工作者要注重研究这些新变化、新问题，有效地运用新技术，“让技术为真实再现新闻事实发挥正面作用”。

二、客观性原则

新闻报道的客观性原则是指新闻工作者站在中立的立场，不带个人偏见地、客观地反映事实，将客观世界以其本来面目呈现在受众面前。客观性原则的核心是独立、平衡，要求新闻工作者在报道新闻时将事实与意见（包括价值判断）分开，以超脱情感的中立观点表述事实，努力做到公平和平衡，尽可能地提供多方不同的观点，为事实涉及的各方提供应答机会。

在融合新闻报道中，图片、视频、音频、数据等可视化媒介元素具体、形象，有利于增强新闻呈现的客观性，但使用不当的话，则“有图有视频未必有真相”“有数据未必有真相”。但文字报道对视频内容的解读纯属主观想象，缺少对报道中涉及各方的信息核实，必然会影响融合新闻报道的真实、客观。

在数据新闻生产过程中也同样存在这些问题。目前的大量数据来源于互联网，而互联网中由网民的虚拟化生存与表演而生成的数据真假难辨，特别是在数字鸿沟背景下，从互联网上获取的数据并不是真正意义上的“大数据”，未在互联网上留下足迹的人的声音容易被忽略，这就影响了数据新闻的真实性、客观性；同时在数据的清洗、加工中，不可避免地要对一些相互冲突的数据进行校正删除，对不完整数据进行补充，这就改变了数据的原始面貌，其客观性也无法完全保证。

比尔·科瓦奇，曾担任《纽约时报》华盛顿分社社长，《亚特兰大宪章报》主编，以及哈佛大学尼曼基金协会项目负责人。汤姆·罗森斯蒂尔，英国演员和编辑。比尔·科瓦奇和汤姆·罗森斯蒂尔论及的新闻的十大基本原则，有三个涉及客观性：核实、保持独立、全面均衡。比尔·科瓦奇和汤姆·罗森斯蒂尔把新闻工作隐喻为“当代的地图绘制工作”，他们认为就像绘制地图一样，新闻工作的价值取决于是否全面和均衡。要做到全面均衡，就必须遵循客观的方法，坚持核实的原则，保持独立。客观的方法包括以下原则：不得随意添加不存在的东西；不得欺骗受众；尽可能地使你的方法和动机透明公开；依赖你自己的报道；谦虚谨慎。这些原则值得我们在融合新闻报道中学习、借鉴。在新媒体时代，新闻媒体的话语权分散，提高信息的可信性，增强媒体公信力，更需要我们强化公开透明的观念。在新闻报道中要诚实地告诉受众我们知道什么，是如何知道的。谁是信源？他们是否拥有一手信息？他们可能有什么偏见？他们是否说过自相矛盾的话？还有哪些信息我们不知道？尽可能地做到公开透明，保持谦逊、开放的心态，才可以有力地保障融合新闻报道的客观性，增加媒体公信力。正如尼采所说：“我们越是知道更多的眼睛、不同的眼睛是如何打量同一个问题的，那么对此问题我们的‘概念’及我们的‘客观性’就越是会完整得多。”

此外，我国新闻媒体肩负着引导舆论、成风化人的社会责任，为此，在融合新闻报道中，还要处理好倾向性和客观性的关系。一是可以通过新闻报道的技术手段来实现，如：多侧面、多角度地呈现某一类采访对象的意见，并突出那些有利于解决问题的方面和因素；二是让社会各方发表意见，通过受众和专家对问题、现象进行充分评说，使问题在比较中鉴别，使认识在争议中提高；三是尽量用事实说话，将传播意图和倾向性巧妙地隐藏在新闻事实中，使新闻报道说服力更强，实现良好的社会效果。

三、公正性原则

新闻公正性原则是中西方新闻界普遍推崇和追求的原则。1954 年，国际新闻记者联合会通过的《记者行为原则宣言》就将“忠实收集和发表新闻的自由，及公正评论与批评的权利”规定为新闻记者要认真维护的两项工作原则。在我国，1991 年通过的《中国新闻工作者职业道德准则》明确提出“客观公正，是社会主义新闻工作的基本要求”，要求“新闻报道要坚持辩证唯物主义和历史唯物主义的观点，从人民群众的根本利益出发，做到客观公正”。2009 年修订的《中国新闻工作者职业道德准则》对新闻公正性的要求也主要聚焦在伦理上：“坚决反对和抵制各种有偿新闻和有偿不闻行为，不利用职业之便谋取不正当利益，不利用新闻报道发泄私愤，不以任何名义索取、接受采访报道对象或利害关系人的财物或其他利益，不向采访报道对象提出工作以外的要求。”

目前，新闻业正在经历着结构性的变化，融媒体时代专业媒体主导的“程式化”的新闻叙事向业态化、协作生产和个性化的新闻生产模式转变，新技术环境下新闻生产者从机构媒体扩展到机构自媒体、商业自媒体，这些都给新闻伦理带来了新的挑战。在我国，新闻公正性原则要求信息传播者遵守伦理规范，做“公平正义的守望者”，维护社会公平与正义，推动社会发展进程。在新闻报道中“以人民为中心”，以守护公共利益为己任，不做某些利益集团、机构或个人意见的代言人，不因个人私利或偏见影响报道。

在媒介融合新闻报道中，坚持新闻公正性原则，首先要解决新闻工作忠诚于谁、为谁服务的问题，要始终“以人民为中心”“勿忘人民”，忠实地反映人民群众的愿望、呼声和要求，充分保障人民群众的知情权、表达权、参与权和监督权，维护最广大人民群众的根本利益。为人民谋利益是新闻工作者全部活动的出发点和归宿。在新闻传播活动中，新闻工作者要相信和依靠人民，保持同人民的血肉联系，深入群众、深入基层、深入生活，发挥“耳目”作用，倾听来自人民群众的意见和呼声，关心社会公共利益，发挥社会公器作用。

在媒介融合新闻报道中，坚持新闻公正性原则，遵守伦理规范，要注意以下五方面：

（一）反对、抵制新闻寻租、有偿新闻，不利用职业之便谋取不正当利益，不利用新闻报道发泄私愤

新闻寻租来源于经济学、政治学的“权力寻租”概念，指新闻媒介组织机构或新闻从业人员利所掌握的新闻报道权利，为团体或个人谋求不正当利益，对其他社会主体利益造成损害的一种非生产性寻利活动。

采写和发表新闻要客观公正，不得从个人或小团体利益出发，利用自己掌握的舆论工具发泄私愤，或做不公正的报道。

（二）不做低俗报道

不能一味地追求感官刺激，过度报道凶杀、色情、暴力；不能冒犯公众，对犯罪细节和残忍场面做过于直白的表述；不能刊载“展现过度的惊悚恐怖、生理痛苦、歇斯底里，造成强烈感官、精神刺激并可致人身心不适的画面、台词、音乐及音效等”的内容和情节。

（三）专业媒体对机构自媒体的内容也要认真做好核实工作，严禁“未经核实将社交工具等网络平台上的内容直接作为新闻报道刊发”，没有经过核实的微信截屏不应成为专业媒体报道的依据

目前，微信截屏转发作为一种 UGC（用户原创内容）新闻生产方式被广泛应用，同时，普通用户随手转发微信截屏也成为专业媒体报道的重要线索。微信截屏看似来源于当事人，有图有真相，但抽去语境后的三言两语很难说明问题，技术作用更是轻而易举。因此，没有经过核实的微信截屏不应成为专业媒体报道的依据。

（四）不能“唯流量是图”，故意耸人听闻，反对浮夸自大的文风、标题党

出于对流量的追求，一些媒体倾向于使用夸张煽动的言辞以吸引眼球。在全媒体时代，“真实客观理性的新闻准绳没有变，新鲜有趣优质的价值取向没有变，平实求实务实的文风导向也没有变”，因此，在融合新闻报道中必须反对浮夸自大的文风，不能无底线蹭热点，要远离“标题党”，给流量和情绪松绑。

（五）理性对待媒介融合技术带来的伦理新挑战

《新闻记者》年度传媒伦理研究课题组在《2017 年传媒伦理问题研究报告》中指出，“算法机制、机器人写稿、大数据挖掘、虚拟现实（VR）、增强现实（AR）等技术因素改变了新闻的生产、传播等诸多环节，它们同时也给传播伦理带来新的挑战”。比如，智能算法可能带来过滤泡现象和回音室效应，造成意见自由市场的混乱，VR 可能会存在扭曲受众认知和行为的风险。

第三节 利用技术不断创新

技术力量改变着媒介的现有特征，媒介融合离不开技术的有力支持，新一代数字技术、广播技术、信息技术的飞速发展是媒介融合的直接推动力。

媒介融合表现出鲜明的技术特征，融合新闻报道利用技术不断推陈出新。近年来，每年的全国两会报道几乎成了新媒体技术的“秀场”，特别是2019年5G、VR、AR、AI、H5等前沿技术“加持”传播，更加突出了媒介融合移动化、可视化、智能化的发展趋势。

一、人工智能的运用

机器人写稿早已不是新鲜事。2019年3月3日，新华社推出的全球首个AI（人工智能）合成女主播“新小萌”正式上岗，泛动的双眼和协调的手部动作都足以让人误以为是真人主播。

二、信息采集“神器”不断迭代，助力融合报道

2017年，光明网“钢铁侠”多信道移动直播云台首次亮相，集新闻信息采集、发布于一体，现场只需一名记者即可快速实现视频、全景、VR等内容的同步直播与录制，通过设备后台的云控制台、云存储及流媒体服务系统，记者还可以一键同步实现PC端、新闻客户端及H5页面等跨平台视频内容的分发与适配，让多种媒体产品在同一平台快速生产聚合。2018年，新推出的“钢铁侠Ⅱ代”可穿戴多信道移动直播云台，不仅已具备轨道、摇臂的功能，更可以给超过25家媒体平台实时传输多机位切换的VR直播画面。

2019年，为了给记者“加速”和“减负”，新华社新媒体中心为记者配备了智能AR直播眼镜。据悉，这款国产智能AR直播眼镜，具有独特的注意力捕捉技术，使用者用眼神即可指挥摄像机，所拍摄的视频画面与使用者的眼中之景保持一致，堪称“智能眼”。这款眼镜还能通过自带的人脸识别技术进行识别，再与资料数据库对比，可以在人海中“一眼”就知道谁是新华社记者。

语音转写工具成为《人民日报》2019年报道技术升级的一个亮点。记者通过语音转写工具，便可迅速将采访时的录音转写成文字（同时具备实时“中译英”“英译中”的转文字稿功能），随即将文字传入《人民日报》新闻业务系统，实现移动查看、电脑端写稿、投送稿库的全流程移动发稿。

2020年4月28日，新华智云推出了专门针对会议报道的媒体机器人，能迅速做出会议金句小视频及“数读会议”可视化短视频，为会议融媒体报道增添利器。

三、5G、ARVM 等科技多重加持，创新全媒体产品

2019 年，会议新闻中心首次实现 5G 网络全覆盖，会议会场和会议代表驻地实现了 5G 信号全覆盖，人民日报、新华社和总台等媒体记者用移动的 5G 可以实时直播两会的 4K 高清视频。中央广播电视总台就在 2023 年两会“三大通道”上设置了 VR 全景摄像机，通过“5G ＋ 4K”技术实现传输，让公众能身临其境般感受现场的热烈气氛。

人民网、新华网、央视网等都纷纷推出科技创意产品。人民网推出了科技创意短视频《全息 3D 强影！这有一份“立体”报告等你来看》，AI 主播闪亮登场，采用全息投影、三维立体建模、人工智能等技术，直击政府工作报告里的干货。新华网推出的《全息交互看报告》，利用 AI ＋ MR（混合现实），精选政府工作报告中的关键目标数据，将百姓生活、城乡风貌、经济发展等场景在 MR 智能演播厅屏幕中还原，打造时空转换的效果。央视网则利用“VR ＋ AR”推出《全景沉浸看报告》，聚焦 2019 政府工作报告中的主要议题，提炼重点数据进行解读，在 VR 实景视频的基础上，在真实场景中糅合进三维动画，辅以李克强总理的同期声，对政府工作报告进行生动具象的可视化展现。同一个报告，不同媒体结合自己技术特长，策划出形态、形式各异的媒介融合产品，给用户带来耳目一新的体验。同时，在新媒体技术的支持下，跨区域联合报道成为常态。利用新技术，央视新闻新媒体还通过“全国县级融媒体智慧平台”，与数百家县级融媒体中心共同打造《我给两会带个言》特别节目，实现了跨平台融合传播。

新技术为媒介融合新闻报道提供了更多可能，我们要充分利用技术给新闻报道提供的可能性创新媒介样态，策划创意媒介产品，生产出更多用户喜闻乐见的融合新闻报道。

融合新闻首先是新闻，因此，融合新闻报道首要的原则就是要尊重新闻规律、尊重新闻价值，不管采取哪种形态或形式进行报道，必须真实，必须与其新闻价值相匹配，处理好真实与时效、与流量、与技术的关系，不能滥用媒介资源，哗众取宠。媒介融合具有鲜明的技术特征，融合新闻报道要利用技术不断推陈出新，也要理性对待媒介融合技术带来的伦理新挑战。

第四章　融合新闻的传播内容

融合新闻致力于突破传统新闻领域，跨足不同学科，将科技、文化、社会等多个领域的信息融为一体。这种报道风格拓宽了受众的视野，使他们能够更全面地理解复杂的社会问题。采用文本、图像、音频和视频等多种媒体元素，以更生动的方式呈现故事。这不仅增强了受众的参与感，还提供了更多层次的信息，满足了不同人群的审美和认知需求。融合新闻追求深度而全面的报道，通过深入挖掘一个主题，展现其各个方面。这有助于受众更深入地理解事件的内在原因和影响。

第一节　融合新闻的发展历程

一、融合新闻的发展源流

融合新闻的实践始于西方媒体中负责分配任务的新闻编辑，在正常的新闻报道工作流程中，由其分派决定报道什么及如何报道，其职责类似我国电视栏目制片人和新闻部主任角色。这种形式的新闻报道由新闻事件的特征决定派多少人，以及由何种媒体参与。一个突发事件可能需要一个报道团队，用各种各样的媒体去报道，而这只能在一个媒介融合的状况下实现。融合新闻正是率先从应用新闻学的角度对媒介融合理念的实践。

媒介融合正在全世界范围内发生，这种融合可能成为世界许多发达地区新闻媒体的目标。融合是媒体的“未来”“宽带正在使我们聚合在一起”，如果你不能将报纸、数字媒体和电视这三个元素结合在一起，就不可能在这三个平台上都具有新闻影响力。

（一）融合源流的两个层面

西方学者对融合新闻的研究，主要从记者个体和媒介组织这两个层面进行观察与探讨。

1. 融合新闻在个体层面的实践

这一层面的实践主要集中在对那些掌握了多种媒介技能的“超级记者”方面。这些人掌握了全面的多媒体技能，能够同时承担文字、图片、音频、视频等报道任务，制作互动元素（如：绘图、在线访问数据等），为多种不同媒体提供新闻作品，是全能型记者，在美国也被称为“背包记者”等。

2002年，背包记者这一概念首次出现，MSNBC网站的普雷斯顿·门登霍尔就是一位背包记者，他历时半个月，横穿阿富汗，发回了大量的文字稿件、照片、录音、录像等，在广播和网站播出。美国媒介融合集团“坦帕新闻中心”的女电视记者杰姬·巴伦也是一位背包记者，她曾用4周时间在安东尼奥采访一个重要联邦案件，每天工作日程是：早6时给网站写篇专栏文章，介绍案件情况；然后到法院采访当天最新进展，10时给电视台发去最新报道；下午2时30分到3时编制一个晚间电视节目传回；然后再到法院采访下午的进展情况，再给第二天出版的报纸写篇新闻稿。这种类型的记者是真正的超级记者，对记者的能力要求非常高。但是从实际效果来看，这种前方记者一身多任的新闻操作方式，给记者带来的压力过大，记者进行新闻采写的时间和精力都难以保证。

在融合新闻模式下，编辑的工作也变得更为复杂和多样化。编辑应该对不同媒介形式有着更为深刻的认识和把握，知道如何将文字、图片、音频、视频进行有机统一，使它们之间互为补充、相得益彰，取得最佳传播效果。

2. 融合新闻在媒介组织层面的实践

这一层面的实践向前推进了一步。依靠单个的“超级记者”完成的新闻报道虽然能够被多种媒体平台所采用，但由此引发的问题也非常明显。其一，截稿时间无法保证。一个记者要同时为多种媒体采集编制不同的稿件，既包括文字、图片，也包括音频、视频，即使这个记者工作效率极高，但由于工作量过大难免会造成在截稿时间之前不能完成所有工作的情况。其二，质量难以保证。因为在高强度的工作之下，一个记者要同时完成给不同类型媒介提供各种新闻报道，加上该记者认知能力的局限，难免会出现内容、形式、报道角度等重复的情况，新闻产品的质量得不到保障，这不利于媒介更加准确地为受众提供信息和服务。

超级记者的局限性越来越引起人们的注意，如密苏里新闻学院达里尔·莫恩教授就说：“我个人并不认为会有很多人成为‘背包记者’，但是这种人才在某些地方会有用武之地。”他说的“用武之地”主要是指人力资源有限的地方媒体和派驻外地及国外的记者站。史蒂芬·奎因在《融合新闻导论》中也谈到，单个的“背包记者”对于报道较小规模的新闻事件或处于较小市场的地方新闻媒体是比较合适的，如果是大型的媒介集团，或者是报道规模较大的、内容比较复杂的新闻事件，就需要以多人组成的新闻团队来承担融合新闻的任务。

在这种情形下，融合新闻的报道逐渐由单个记者转向了媒介组织，转向了对媒介之间的合作。人们发现，在媒介融合的进程中，媒介组织之间的竞合比起单个的超级记者来说，更有助于融合集团对资源的有效利用。此外，像“坦帕新闻中心”这类全媒体信息中心的出现，客观上也为媒介融合组织提供了很好的观察对象。美国南佛罗里达大学大众传播学院助理教授肯尼思·基利布鲁2004年出版的专著《管理媒介融合：记者合作的路径》、2005年美国出版的论文集《媒介组织与融合：媒介融合先驱案例研究》等书，都是在这个层面上获得的研究成果。目前，这一层面的研究也日益引起了更多专家学者的兴趣。

（二）融合新闻的社会动因

伴随着数字技术、信息技术与网络技术的发展，新闻传播在媒介融合的基础上正在发生着一场深刻的变革，而融合新闻就是这场变革的主角。2006年以后，我国部分媒介集团开始尝试进行融合新闻运作。融合新闻正在影响全世界的新闻传播活动，其快速推行的社会动因是什么呢？

1. 技术动因

人类的传播活动经历了从口语传播到印刷传播再到电子传播的漫长演变过程，其中技术的力量是媒介变革的根本动力。尤其是进入信息时代以来，传播科技越来越体现出其作为传播发展第一推动力的作用。

信息处理技术、移动存储技术、数字传输技术及基于这些技术之上的网络技术的迅猛发展，不仅极大地促进了传播速度和传播质量的提高，而且也带来了传媒领域日新月异的变化。数字技术成为融合新闻产生的直接动因，这是因为：一方面，技术本身具有推动经济形态变革的作用，在条件成熟的情况下，技术就能催生出一种新的经济形态。网络的盈利点在相当大程度上都依赖于技术的实施，一些网络聚合技术，如：RSS订阅、P2P技术、Web2.0/3.0等，就具有把微内容和碎片化的媒介消费整合起来的能力。另一方面，新媒体技术发展也推动了社会政治与文化的变革，带来了话语权的分享，影响了人们的感知、感情、认知和价值观，带来了文化的认同，这些又都推动了融合新闻的发展。

技术的创新使传媒企业的生产成本降低，利润率上升。传媒业界人士也已形成这样的共识：把信息、娱乐和商业融合在一起的新媒体，信息复制的成本大大降低，传播的速度大大提高，领域大大拓宽。据专家估计，如果报纸、电视、网络、杂志全部配套制作，成本大约能节省30%。从降低成本的角度看，这种跨媒体融合的竞争力可见一斑。

技术的创新和扩散，也为媒介的融合提供了发展的动力。历史证明，传媒科技的每一次发展，都带来了现代传媒的巨大变革，催生出新的媒介形态。如电视的发明，产生了电视的综合艺术，它兼具报纸的阅读、广播的听觉、电影的视觉、音乐的时间、图像的空间等艺术，而新兴媒体更是包含了如今所能认识的全媒体的元素，其综合性又远大于电视。这说明，现代传媒的诞生、发展与技术创新有着天然的联系。

2. 经济动因

经济的发展带来媒介产业的变革，推动了融合新闻的产生。随着媒介产业的竞争越来越白热化，为了在竞争中占据先机，越来越多的媒介企业将先进的新媒体技术引入媒介产品生产过程，并尝试进行资本、业务、组织机构等方面的合作与融合，期望用最小的资源产生最大的效益，实现资源的合理配置。因此，规模化生产下的社会分工和合作就成为融合新闻产生的经济诱因。

3. 受众动因

受众的个性化需求是融合新闻发展的一个重要动因。随着社会文明进程的演进，媒介产品和新闻信息越来越丰富，人们对信息交流的速度、深度、实用度及愉悦度等方面的需求也日益呈现出个性化差异。融合新闻适应这种社会趋向，把各种媒体集中在一个操作平台上，汇聚各类媒体的优势集中采集新闻信息，再根据受众对新闻内容和形式的不同爱好进行分类加工，最后将新闻信息产品通过不同的传播方式传播到特定的受众手中，最大限度地满足受众的个性化、多样化的信息需求。

在当前媒介逐渐融合的环境下，单打独奏的媒体运作方式已经很难适应受众需求。虽然传统媒体有内容资源和采编资源优势，而在传播渠道上则显得十分单一，仅凭借独立媒体自身的优势往往不能自救。相反，新兴数字媒体的交互性传播方式和海量的存储能力是传统媒体所无法匹敌的，它能最大限度地满足受众的多样化信息需求，新旧媒体只有融合互补才能消解彼此的不足。

在技术、经济、受众三种动因的推动下，越来越多的媒体集团尝试进行媒介融合改革，实现融合新闻运作。尤其是受众永无止境的需求或欲望成为媒体不断创新发展的原动力，媒介融合正是沿着不断便捷、高质量满足人类需求方向发展的一个阶段。麦克卢汉（Marshall McLuhan，1911 年 -1980 年），出生于加拿大艾伯塔省埃德蒙顿市，毕业于剑桥大学，原创媒介理论家、思想家。他在对传播的研究中进行了独特的探索，试图从艺术的角度来解释媒体本身，而不是用实证的方式来得出结论，他的主要著作有《机器新娘》《理解媒介》。正如麦克卢汉所言，“媒介即人的延伸”，意在人是媒介的出发点和根源，所有的媒介都是由人的某种具体需求出发，借助外在事物来达到延伸人体功能的目的。

4. 政策动因

从世界范围来看，管制放松是媒介融合的外在因素。而在我国，长期以来受媒介管理体制的影响，媒体条块分割，形成了森严的行政壁垒和区域市场封锁，媒介资源无法通过市场实现融通。这种板块限制，使得跨媒体的经营很难进行，也使得实力雄厚的媒介无法向外扩张，动辄触雷，这是我国媒介产业发展缓慢的主要原因之一。面对全球兴起的传媒产业放松管制的浪潮，我国的传媒管理政策也进行了相应的调整。加强资本、产权、人才、信息、技术等报纸出版生产要素市场建设，支持报业集团和大型报纸出版机构跨地区、跨行业、跨媒体经营。实践中，全国诸多报业借势将单纯的报业扩充为传媒集团，这反映了报业自身发展的迫切要求。

2006 年 11 月 28 日，成都市有关部门宣布，成都日报报业集团与成都广播电视台合并，成立成都传媒集团，被认为是顺应时代和发展的需要，推动成都市文化体制改革、文化产业发展所采取的一个重要举措。成都传媒集团的问世，在当时引起了国内业界和学界的高度关注，被称为 2006 年中国报业发展和创新历程的一件大事。诞生于 21 世纪初的融合新闻是利用多媒体手段进行的新闻传播活动，数字技术的成熟和进步是它产生的根本动因，而经济因素、市场因素和放松管制则是其发展的助推力。

诞生于 21 世纪初的融合新闻是利用多媒体手段进行的新闻传播活动，数字技术的成熟和进步是它产生的根本动因，而经济因素、市场因素和放松管制则是其发展的助推力。

二、融合媒介的历史演进

传播媒介的形态变化，通常是由于可感知的需要、竞争和政治压力，以及社会和技术革新的复杂相互作用引起的。在传播技术的革新、市场需求的突显，以及国家政策的支持三种动因的综合作用下，媒介融合的步伐正在不断加快。媒介融合的演进是递进式、立体式的。从世界范围来看，媒介融合的发展主要经历了以下几个阶段：

（一）合并：融合新闻的媒体并购重组

媒介融合的发展历史可以追溯到20世纪中后期，随着全球经济的发展，世界范围内跨媒体、跨行业的大型媒体集团开始出现并购与重组浪潮，这也是垄断资本不断发展的产物。如：新闻集团、维亚康姆、迪斯尼、维旺迪集团全球出版公司和美国在线时代华纳等，这些传媒巨擘的业务几乎涉及所有的媒介领域，可以说是媒介融合的先驱者。尤其是在20世纪末，以出版杂志、报纸闻名的"时代"公司与制作过一系列经典影片的"华纳兄弟"公司合并，成立"时代华纳"集团，成为当时世界上最大的传媒公司。

（二）联动：融合新闻的媒体交流合作

如果说大型媒体集团的出现只是实现了形式上的融合和资本上的融合，但在大型媒体集团的内部，各媒体还是单独的业务实体，相互之间的合作与交流并没有实质性的突破，而后开展的报纸与网络、电视与网络之间的联动，才标志着媒介融合迈出了实质性的步伐，这一趋势开始于20世纪80年代末。

1. 报刊、广播电视数字化

面对日新月异的计算机网络技术，20世纪80年代后期，报刊、广播电视开始尝试电子化和数字化，正式开启了传媒的数字化生存步伐。

我国最早实现"纸媒上网"的是1995年的《神州学人》期刊，此后以《人民日报》为首的各大报刊也实现了电子化。随后，电台、电视台也加入了上网的浪潮，目前，我国内地的绝大多数报纸，以及央视、各省级电视也都实现了网上传播。

在这一阶段无论是报纸编辑部与网站编辑部，还是电台、电视台编辑部与网络编辑部之间都是独立存在的媒体组织，所谓的上网也只是实现了简单的拷贝复制，还未实现真正意义上的融合，但这毕竟是向报网联动、台网联动迈出了可贵的第一步。

2. 报网联动、台网联动

在经历了借助网络技术进行最初级的二次新闻信息传播活动后，一些报纸、电台、电视台开始探索与网站合作新闻报道的新机制。

（1）报网联动

近年来，为了应对日益白热化的竞争和挑战，一些报纸或与网站实行联动报道，或与网站共同开设某些专栏，形成相对固定的合作板块，相对于之前的拷贝复制，无疑实现了更进一步的融合。

（2）台网联动

广播电视与网络的联动，主要表现在视频分享网站的繁荣和台网捆绑式运营方面。

1）视频分享网站的繁荣

视频分享网站是台网联动的先行者，也是媒介融合的先驱。2004 年 2 月 4 日，正式上线的脸书是一个社交网络服务网站，网站上线同时还推出了脸书视频服务。开通这一服务的用户，可以上传 DV 视频、手机视频等视频短片，这是全世界较早尝试用户视频分享的网站。而 2005 年 2 月上线的油管则是目前世界上最大的视频分享网站，用户可以下载、观看及分享影片或短片。

我国的视频分享网站自 2005 年后纷纷涌现，与世界其他国家几乎同步。2005 年 4 月 15 日正式上线的土豆网、2006 年 6 月成立的优酷网、2006 年 7 月 17 日正式上线的酷 6 网等都是我国目前较大型的视频分享网站，这些网站主要基于用户生产内容模式，用户可以上传、观看、分享与下载视频短片，而这些“微视频”既可以是原创的，也可以是传统电视台制作播放的。目前，视频播放网站的发展势头格外强劲，也开始引起了广告商的注意。

2）网络广播电视台的出现

网络电视台的前身是各级电视台的网站，而新兴的商业视频分享网站对受众市场份额的争夺则是促成网络电视台形成的重要原因。面对观众收视行为的变迁及网络视频播放网站的挑战，传统电视台开始加入网络视频播放业务的竞争中，网络电视台应运而生。其中，2009 年 12 月 28 日开播的中国网络电视台（简称 CNTV），标志着中国网络电视台的正式诞生。它依托于中央电视台强大的资源优势，汇集了网络电视、IPTV、手机电视、移动传媒等各种媒体终端，打造了多语种频道，并通过部署全球镜像站点，覆盖了北美、欧洲、东南亚、中东、非洲等近百个国家及地区的互联网用户。

除 CNTV 外，2010 年又有两家国家级网络电视台诞生。由新华通讯社主办的中国新华新闻电视网（简写为 CNC）开播，正式上星向亚太地区和欧洲部分地区播出。CNC 依托新华社丰富的新闻资源，按照国际通行的电视网模式组织运营，力求突出新闻报道、突出电视元素、突出全球传播，向海外受众提供中国视角的国际新闻和国际视角的中国新闻。

2010 年 8 月，由中国国际广播电台开办的中国国际广播电视网络台（简称 CIBN），是我国第三家国家级网络广播电视台。它拥有 61 个传播语种，是一个全业务媒体形态和浓厚国际化特色的新媒体国际传播平台，以“向世界介绍中国、向中国介绍世界、向世界报道世界”为宗旨，向全球受众提供时事、政治、经济、文化、体育、旅游、社会和汉语教学等综合信息服务。2010 年 12 月 21 日，CIBN 获得了由广电总局颁发的互联网电视集成业务牌照和内容服务牌照。与此同时，各省市电视台也正积极向网络电视台进军。目前，我国广播电视媒体基本都建有自己的网站，虽然增长较快，但是大多数网站只有中文网站和普通话视频。

2010 年，网络电视台的发展加速，各省级卫视把广播也纳入网络电视台的领域。2010 年 7 月中旬，安徽网络广播电视台正式启动，成为国内首个省级网络广播电视台。随后，黑龙江、湖北、山西等省也获批成立网络广播电视台。这预示着国有电视台已经开始全面进军视听新媒体领域。

为了迎接激烈的竞争，部分城市电视台联合起来，共同进军网络。2011 年城市联合网络电视台成立（简称 CUTV），首批股东成员有 14 家城市电视台和 5 家平面媒体，目前，联合体成员已达 42 家，CUTV 旗下网络北起黑龙江、南至广东、西到新疆、东达上海，已覆盖全国 22 个省市，近 8 亿用户。CUTV 将“关注民生”作为自己的立台之本，通过台网互动，以社区、微博、教资会等社交媒体形态，将传统广电的媒体功能、品牌影响力及产业模式有效延伸到各种网络和新媒体终端。

三、整合：融合新闻的媒体资源共享

前两阶段的融合仍属于较浅层次的融合，而整合阶段，才能实现多媒体功能一体化，让不同类型的媒体共同实现资源互享，这一阶段出现的媒介融合现象，一般被称为“全媒体”或“融媒体”。

目前，我国媒体也在竞相开展全媒体试验。2006 年 3 月上海证券报改版，将证券网和上海证券报全面融合，实行一个班子、一套架构，不设立重叠机构，并对报网统一业务生产流程，统一考核，这可能是我国报界最早的报网一体的尝试。

在国家级媒体方面，2009 年，新华社决定组建新华社多媒体中心，从而迈出了国家通讯社向多媒体业态发展的第一步。新华社将 100 多平方米的发稿区域划为多媒体中心办公区域，架设了 24 个多媒体工位，并与旁边的视频演播室联通，还设计了一套可以同一界面编发文字、图片、视频、音频、网络稿件的发稿系统。

地方新闻媒体的资源整合成果也同样引人注目。烟台日报传媒集团成立全媒体新闻中心筹建小组，按照全媒体战略的实施计划，采用集团研发的全媒体数字复合出版系统，“从集团层面再造采编流程，并实现内容集约化制作”的实验。杭州日报报业集团成立网络中心，杭州日报网正式开通上线，一个编辑部同时运行两个终端，从此结束了杭州日报作为单一纸媒的历史。

宁波日报报业集团数字报业技术平台项目通过了国家的项目验收，专家们认为数字，报业技术平台全面整合了集团下属各报的新闻资源，形成了具有多媒体传输手段和传播形式的全新报业内容加工及采编互动平台。同时，该项目采用以内容为核心的先进理念和数字资产集中管理模式，支撑了集团复合型出版业务（报纸、数字报、网络、流媒体等），以及主体经营业务、内部管理业务、对外客户服务业务，实现了对数字内容管理、分销和增值的一体化运作。

总之，媒介融合是国际传媒业发展的一大趋势，作为一种历史现象，它的发展刚刚开始，未来将有更多的媒介融合形态产生。

三、融合媒体的现实发展

在竞争激烈的信息时代，全媒体被公认为报业等传媒转型的一条必由之路，而平板电脑新型终端的出现，也为报业的全媒体转型点燃了希望之光。在这一浪潮中，只有占领平台，完成全媒体的流程再造和产品再造，并实行统一的管理，才能真正实现向全媒体的战略转型。在数字媒介技术和信息多元化需求的双重合力下，媒体间原本泾渭分明的界限逐渐被打破，媒介融合的趋势越演越烈。

（一）全媒体理念提出

早在2006年下半年，英国老牌报纸《每日电讯报》就已踏上全媒体改革之路，而《今日美国》也于2008年下半年尝试推进产业链重构。2009年，我国南方报业集团正式提出构建“南都全媒体集群”的理念，成为我国首批向全媒体转型的媒体之一。那么，全媒体的内涵是什么？全媒体转型之路又该如何推进呢？“全媒体”是指打通传统媒介界限，在数字介质上，构建全新的融文字、图片、音频、视频等多种表现形式于一体的内容平台，并打破原有的刊发和播出平台，实现全天24小时滚动内容提供。全媒体理念的核心就在于：打破媒介之间的壁垒，实现不同媒体内容及渠道的融合，探索一种新的运营模式。

全媒体的“全”可以从三个维度进行理解：在传播载体形态上，可以简单概括为报纸、杂志、广播、电视、音像、出版、网络、电信、卫星通信等诸多传播形态和终端形式的总和；在传播内容上，则涵盖了视觉、听觉、触觉及形象等人们接受信息的全部感官体验；在信息传输渠道上，包括了传统的纸质、频率、局域网、国际互联网和移动互联网、Wi-Fi及其他类型的无线网际网络；等等。由此可见，全媒体是实现媒介融合的过渡阶段。

全媒体的理念是从西方引进的。在21世纪初，媒介生态环境剧变，报业发展受到了来自互联网、手机等移动通信业务的巨大冲击。《迈阿密先驱报》资深专家查克·费德利曾经指出，报业目前已进入发展困境，每一家报社都不得不为生存考虑，视频新闻几乎是所有报社的唯一亮点。美国媒体风暴公司总裁布莱恩·斯道姆也认为，新一代报纸记者最重要的一点就是要学习收集声音，把声音和静态的画面结合起来，制作类似电视新闻一样的文件，这将会成为一种趋势。他还认为文字说明起了消除歧义的作用，但声音的加入将把对照片的认知带到更高一层。同时，视频材料可以为文字新闻提供更多的视觉表达，视频新闻部分取代文字新闻将是必然趋势。

在媒介生态日趋数字化的语境下，为了适应数字报业转型的需要，一些报业集团纷纷成立多媒体中心，开始了全媒体报业的实验性探索。

在全媒体的编辑模式方面，《今日美国》的做法也值得借鉴。该报头版实行标题化、简约化的编辑手法，头版通常只显示标题和副标题，有的配上一两句的简讯，最长的文字消息也不过三五百字，而记者所采写、拍摄的更多文字、图像、声音等相关内容则“链接”到网络上。该报几乎所有的稿件末尾都有指向网络版的链接路径，每个记者均开设了新闻博客，把报纸上容不下、发不全的声像、图文资料全部传到网络版或记者博客上，真正做到了报网互相补充、互相联动。这样的操作方式，不仅使稿件变得短小精悍，而且在不减少新闻数量的基础上，使得报纸版数得以减少，降低了成本，在使新闻信息资源得到最大化开发利用的同时，又适应了读者快节奏的阅读需求。

我国报业的全媒体转型最早可追溯到2001年，地处东北的《沈阳日报》率先尝试全媒体化运营。经过几年的发展，我国报业在全媒体运作方面取得了新的突破。2007年6月，《广州日报》滚动新闻部成立，负责报纸与手机、网站等部门的联动发稿。同年《南方都市报》摄影部首次设置视频记者岗位，《新京报》和《京华时报》等报社也相继推进视频记者岗位的专业化进程。随着国内首家全媒体采编系统在烟台日报传媒集团正式上线运营，记者的身份也悄然转型，记者不再局限于向某家媒体供稿，而是面向多个全媒体终端发布——纸质报、手机报、多媒体数字报、电子移动报、户外视屏等。

报业近期的目标无疑是全媒体，其基本思路应是记者采访的文字、图片、录像等新闻在第一时间通过个人终端抵达个人用户，随后在报业网站上滚动发布事件的实时进展情况，然后是报纸上的全面报道，最后是新闻事件的图文视频深度报道和分析。

（二）全媒体战略转型

“传播技术决定论”者认为，媒介技术的变迁与社会文明变迁之间存在着同步关系，传播技术革命导致社会文明的发展，也加速推动着传统媒体向现代媒体转型。随着数字媒介技术的快速发展，网络广播、网络电视、网络报纸、IPTV、手机广播、手机电视、手机报、移动电视等各种新兴媒体先后涌现，令人眼花缭乱。

媒介科技的发展大大影响了传播产业的结构，处于不断变化状态中的新媒体技术重构了传媒新秩序。传统的和新型的传播方式之间的区分标准正日益模糊，不同媒介之间的关联性和兼容性正日益加强。通过手机、电视、电脑接收广播电视已成为现实。

通过电视机不但可以看电视，而且还可以上网打电话、发短信、点播音视频、数据传输、遥控家电等。传统的广播电视已借助于数字媒介技术的发展，衍生出网络广播电视、IPTV和手机广播电视等众多的新兴媒体形态，使传统广播电视媒介得以延伸转变。

（1）广播电视形态发生转变

广播电视借助数字媒体技术的发展，成就了许多视听新媒体形态，包括网络广播电视媒体、IPTV、手机广播电视等。

网络广播电视媒体，反映了广电媒介的体态转变。它是将个人电脑及手持设备作为显示终端，通过计算机接入宽带网络，实现数字电视、时移电视、互动电视等服务。

网络电视的出现给人们带来了一种全新的电视观看方法，它改变了以往被动的电视观看模式，实现了电视以网络为基础按需观看、随时观看、随看随停的便捷方式。

网络广播电视台作为国家、国有的新兴广播电视播出机构，是以视听互动为核心、融网络特色与广播电视特色于一体的全球化、多终端的网络音视频公共服务平台。它发挥广播电视平台和网络平台的双平台优势，以“参与式”新媒体体验为产品理念，在对传统广播电视节目资源再生产、再加工及碎片化处理的同时，着力打造网络广播电视原创品牌节目，让网友在轻松体验高品质视听服务的同时，更多地参与到网络互动中来。

IPTV媒体，反映了广电传播平台的转变。IPTV是指通过可控、可管、安全传送并具有质量保证的无线或有线IP网络，集互联网、多媒体、通信等多种技术于一体，以家用电视机、PC计算机作为主要接收终端，提供包含音视频、文本、图形和数据等业务在内的多种交互式服务的数字媒介新形态。

从全球范围来看，国外IPTV产业于2003年前萌生起步，到2006年后快速发展，欧洲和亚洲在市场发展中起到引领作用。在我国，到2011年11月底，IPTV用户数量已超过1200万户。尽管由于政策等因素的限制，影响到IPTV快速发展，但随着三网融合的实质性推进，IPTV一定会有一个飞跃。

IPTV以电信固网和数字电视运营为主，将互联网与广播电视融为一体，拓展了传统广播电视的传播渠道，使电视媒体成为主打视频业务的内容提供商，并逐步向互动、游戏等混合战略迈进。与此同时，用户可以利用宽带网络获得大量的点播电视资源，这为广播电视制播分离后的内容产业发展提供了广阔的空间。

手机电视，是数字广播业务和移动蜂窝业务结合的新型业务，即实现两种业务类型在不同工作环境下的无缝链接。手机电视，反映了广电收视环境的转变。其业务目前有两种实现方式：一是通信方式，即利用移动通信技术，通过无线通信网向手机提供点对点多媒体服务，由电信业主导；二是广播方式，即利用数字广播电视技术向手机等各种小屏幕终端提供广播电视节目，由广电系统主导，中广传播又与中国移动共同宣布，双方联合打造的 TD + CMMB 手机电视业务 G3 在 2009 年，相继在全国正式推行，从而开启了“三网融合”的新业态、新实践。这标志着一张由全国广电系统和中国移动共同参与打造的中国移动多媒体广播电视网基本成型。

中国移动多媒体广播 CMMB 和手机电视台，使看电视的空间无限拓展，实现了无缝对接。电视观看的环境也一再突破，对传统广播电视的运作方式提出了严峻的挑战。

在某种程度上，新媒介推动我们改变故有的思维，不再以传统的方式面对电视。在新媒介环境下，“我们不是住在一个地球村上，而是住在一个全球性生产、地区性分配、顾客取向的小屋中”。这个“小屋”，或许是电梯口，或是广场公共空间，它都会伴随着不同形态的移动电视、楼宇电视和大屏电视等新媒体。这些对于长期处于家庭收看电视的人来说，意味着传统收视习惯的终结，也使媒体文本的消费与产制关系发生改变。面对上述广播电视的转型，广播电视内容的生产者必须改变过去的思维，以创新的精神构建出一个公共传播的新秩序。

以往人们曾经将报刊、广播、电视等几种传统媒体泾渭分明地进行划分，但随着“三网融合”（互联网、电信网和广播电视网）的推进，要实现任何人、任何时间、任何场所，都能安全、便捷、高效地获取丰富的、个性化的信息服务，仅靠过去单一媒体的工作流程已不再适应一个数字化的融合新时代。现代化的数字压缩技术使网络传输系统兼容了传统媒体传播手段，超强的加载能力使新旧媒体之间的融合创造出未来广电传媒发展的主要业态：全媒体互动电视、直播交互融合数字电视、互联网与数字电视融合业务、通信网与数字电视融合业务、新业态数字电视业务、物联网与数字电视融合业务等。

媒介融合改变了我们的工作和生活方式，新闻业界也从单一媒体报道向多媒体报道跨越式转型。“三网融合”下的广播电视新业态，更是给我们的生活带来了全媒体的新体验。如：时移节目、家庭结算、新闻定制、电视短信、实时路况、电视邮箱、电视门户、投票调查、信息检索、视频会议、远程教育、家庭保健、影视分享、电视秒杀、智能家庭等。在眼花缭乱的功能服务中，有些是传统媒体内容的延伸和方式的转变。在这里，广播电视与手机、计算机终端不再是必须归属某一个网络，而是一个共享的终端。用户从手机、电视、电脑上看电视，点播、下载节目也变得唾手可得。但随之而来的是，通过有线再发送的“节目分享”行为超越了广播电视版权机制，与知识产权领域可能发生冲突。如何将知识产权法扩展应用到新的技术领域，让知识和文化既被收视者利用，又遵从制度化的规约，这在传播信息的全球应用和知识产权的全球拓展中需要认真研究。

（2）广播电视环境发生改变

建构在技术层面上的媒介文化，将会随着媒体的变革与发展产生质的变化，从而形成一定的差异，这种差异性使得文化转换成为必要，而媒介文化的相通性又使得不同媒介间的文化转换成为可能。一方面，在传统公共广播电视媒体上，实行的是国有或公有性的媒介体制。在价值取向上是对商业化、利润化的反叛，是一种以尊重和保护公众利益为诉求，以关注和解决社会问题为原则，以承担和履行社会责任为理念的公共媒体。另一方面，新媒体技术使“人人都是记者”，让每个公民都可实名注册开设一个“我的频道”成为可能，从而导致广播电视由公共媒体向市民媒体转型，相应产生一系列的媒介语境的改变。

1）视听环境改变：从客厅文化向移动文化转移

广播电视嵌入新媒体技术和消费之中后，使之既成为家庭文化，也成为社会文化，既是私人文化也是公众文化。我们要寻找到一种研究取向，将广播电视的本质定义为是一种家庭的媒介，既在一家一户的语境下理解广播电视，也在社会公共空间等更加广阔的语境下理解手机广播电视等移动媒体。研究思路的转变使我们把广播电视置于日常生活的家庭与公共领域交织而成的网络中进行观察。

广播电视的出现，从时间上印证了所有受众都已成为同步“时区”或者家庭共同体中的一分子，即全国家庭都是一个“想象的共同体”。这样的共同体是用一些特殊的话语构建而成，广播电视在把群众转变成人民和民族再演变成一个国家的过程中起到了关键性的作用。广播电视技术使人们不仅有“时间的认同感”，而且有“空间的认同感”；不仅唤醒了共同的记忆，而且也唤醒了“相遇的体验及团结之情”。因此，家庭不再是一个抽象的概念，而是一种生动的体验。很多人接触广播电视新闻是因为他们把新闻看作是与外面世界联系的方式或是生活中的一种固定方式，受众关注新闻成了一种仪式和习惯，从而维持一种安全感。克里斯托弗·莫利 1890 年 5 月 5 日——1957 年 3 月 28 日，是一个美国记者，小说家，散文家和诗人。在莫利看来，这样的共同仪式，其重要性至少与广播电视的资讯内容同等重要。

然而，对受众来说，媒体吸引力的大小主要取决于内容的吸引力和形式的吸引力。

在这两个方面，新兴媒体对于传统媒体来说都具有一定的优势，它迎合了紧跟时代潮流的年轻受众群。

手机广播电视和车载移动电视新兴媒体，在节目内容、表现形式和收视环境等方面都与传统媒体不同。为适应屏幕小、移动收视的特点，手机电视移动短节目适时推出，使移动状态中的人们享受到长度不超过 5 分钟的独特电视节目，其最突出的特点就是移动收视，它改变了受众的消费环境和形式，从客厅转向了无处不在的移动空间。

如果说传统广播电视接收束缚了人的活动自由，那么只有手机等移动新媒体才彻底让人们得到解放。手机电视的移动观赏心态直接影响到节目制作形态，其快捷性、短暂性、偶然性和强迫性的特征，使之成为一种“短、频、快”的“快餐”文化，这种移动性收看消减了传统电视的客厅休闲性，使之走向崩溃。

面对新媒体时代，一切都在被异化着，传统的媒介文化被新技术赋予了新的解释。手机广播电视的出现，将会很快地突破纯技术范围，导致新媒介文化的产生。移动媒体消费内容上的创新和消费形式上的改变显示了新兴媒体的独特魅力，足以构成对传统媒介某种先天不足的功能的补偿。经由这种“流散仪式”定期的统合，充分地利用了受众的零星时间，它所追求的是室内电视不具备的“伴随性”，破坏了传统电视“三大主义”功能，即客厅集体主义将电视和家具融为一体，卧室享乐主义将电视完全个人化，角落自由主义不让电视成为主宰生活的羁绊。

2）视听关系改变：从看电视向使用电视转型

“三网融合”给人们带来最大的变化是，从过去的“看电视”变成“用电视”，家庭的电视机已经变成了一个信息终端、多媒体终端，在家庭里可以便捷地享受到各种服务，如：互动点播、节目回看、家庭娱乐、金融服务、社保查询、医疗服务和企业服务等。

从目前有线数字电视的运营情况看，电视“节目回看”功能已实现：昨天电视今天看，多天电视集中看，精彩节目点着看，快进快退随心看，7 天节目现在看。

“看电视”的基本含义是“你播我看”，这是传统模拟电视条件下的收看方式，而互动电视颠覆了传统电视收看的方式，全面实现了“我点你播”“即点即播”，满足了用户不同时间、不同兴趣收看的需求。观众也从以前模拟电视时代的被动接收者，变成个性化收看的使用者。

传统广播电视媒体的内容生产严格按照线性思维进行编排播出，受众接收节目也必须严格按照节目播出时间进行。而转型之后的下一代广播电视媒体，将改变原有的节目生产和播出流程。在节目内容生成方面，它将采取“融合编辑室”模式，把不同媒介的内容产品拿到一个技术平台上去策划、组织和生产，然后多渠道传播。这种编辑模式，被称为“中央厨房”生产模式。与之相呼应，转型后的电视媒体，节目播出时间表或将不复存在，取而代之的是一个“内容菜单”，观众主要通过点播、录制、时移、回看等形式，满足自己的个性化需求。新一代“智能电视”的推出，更使每个用户享受到空前自主而丰富多彩的收视体验。

新媒体最大的特点是互动，或者说是“任何人对任何人传播的媒体”。数量巨大的公民群体，在转型后的广播电视新媒体互动平台上，更容易营造公共话语空间。随着对新一代电视全功能“家庭信息服务平台”的使用，人们原来的社会生活模式也发生了转型，用户减少了在现实社会中的交往，却增加了在网络化媒体平台上的虚拟交往。当社交化传播逐渐形成时，由新一代媒体主导的话语极有可能成为一种市民话语的体现。它在表达方式和叙述结构中实现了话语权的下移——由文化精英到普通大众，彰显了市民媒体的大众价值取向和草根情节。这种取向的媒体将对普通百姓的现实生活给以极大的关注，让用户真切地感受到媒体对自身的“依赖”和自己对媒体的“话语主导权”。

3）视听内容改变：从采集信息向筛选信息转变

当新媒体的变革到来之时，海量的信息将对公共信息造成淹没性的覆盖。在媒体资源相对贫乏、媒介主体垄断话语的时代，人们只能被动地接受信息，别无选择。但在新媒体时代，我们最不缺少的恰恰是信息。新媒体提供了多元化的传播渠道和传播载体，媒介新技术使得新兴媒体传播活动的门槛大为降低，各种信息与内容呈爆炸性增长。信息的极度膨胀，极有可能导致信息的泛滥和公众注意力的分散，无法实现有效的公共议程设置。人们缺少公共话题，社会与文化的樊篱将被重新划分，公共领域出现衰落的迹象，这种“衰落”正是“信息化”过程的分裂所造成的。为了有效防止这种“碎片化”的蔓延，必须强化新兴媒体的公共传播。同时，从另一方面也对媒体专业者提出了挑战，即媒体角色的转换，如何从信息采集者向信息筛选者转变？

在媒介融合时代，新闻资讯的“雪崩”越来越需要记者对信息进行筛选分类。记者面对“注意力短缺”的受众，必须知道如何合理分配资源，这样，记者的工作也由收集信息转为处理信息、编辑信息。随着在线新闻传播的加入，广播电视记者工作的黄金时间也变为全天候的上班时间。这样一来，如何使用搜索引擎来寻找新闻线索，如何运用新闻专业知识来判断新闻的真实性，如何对大量的信息进行有效的分类就成为一个新话题。为此，未来新闻工作者需要适应广泛的技术，掌握准确的传播技巧。

未来主义者艾斯特·戴森曾说过，数字技术很可能代表着一切皆可知。宽带把包罗万象的资源放到了我们触手可及的地方，挑战将来自于如何筛选我们需要知道的，如何忽略我们不想知道的人和事，以及如何发现最优信息源。她说：“真正的挑战在于过滤而不是寻找。”在网络时代，网络资讯的筛选不仅仅局限于在线报道和链接，它已成为传统媒体的重要信息来源，甚至是广播电视评论话题筛选的来源。互联网已成为舆论与话题的集散地和风向标，而广播电视拥有网络所不具备的权威性与深度，因此，关注网络上的热点话题，并进行深度解读，就成为电视栏目创新的热点。如：中央电视台《新闻 1 ＋ 1》栏目就非常重视追踪网络热点话题，把一个个网络议题上升为公共议题，实现网络议题与公共议题的对接，并利用央视独有的评论力量对网络话题进行独到而有深度的解读。

互联网时代的新闻是以问题而不是数据作为开头的，一般是问题先行，后有数据。在强大的数据库面前，未来的记者编辑既是使用者，又是建构者，而最大的挑战还是如何实现从信息提供者到信息筛选者的变化。

（三）全媒体运作模式

1. 全媒体平台再造

所谓的平台模式，是以对传统产业造成颠覆性破坏和整体重构来获得发展的，如：维基百科对传统百科全书产业的颠覆。全媒体时代的平台建设，不应局限于媒介范围内，应在三网融合的背景下探讨，采取“基础平台＋应用平台”的模式。

基础平台建设，以架构基础网络，提供基础产品和服务，但不直接向最终用户提供产品和服务的建设为主。而应用平台建设，则依托基础平台，通过内生和与产业生态中的伙伴合作，搭建各种功能或专业性的平台，开发应用服务产品，与终端用户连接。

应用平台又可分成两级：第一级应用平台，以内容平台为主，并在此基础上拓展起内容平台、支付平台、商务平台和信息平台等可提供多项服务的多元化平台；第二级应用平台，则以商务平台为基础，在此基础上发展起涵盖媒体平台、经营平台和广告平台的多元化平台。

内容平台的搭建是全媒体网络的重点，采用全媒体技术平台以后，可以实现一个产品多个出口，一次采集多渠道发布。多媒体中心旗下的各类媒体，如：电视台、报纸、杂志、网络等，都可以使用由统一的内容平台所生产的媒介产品及服务。

中央数据库是内容平台实现交互的核心，它包括了内容、用户、商户数据库及各种应用平台数据库的整合。其中，线索库是网络化的、实时动态的报料平台；原创库则将信息采集和媒介剥离，使素材信息实现条理化、结构化、智能化；中央库，即待编稿库，形成分类存储的初加工内容产品；应用库，即集成平台，编辑可按用户需求和信息接收端指标，对内容产品分类加工。

“全媒体数字采编发布系统”则是整个全媒体网络运行的基石，它包括个人平台、待编稿库、资料中心等9个功能模块，容纳了待编稿库、历史资料库和成品库三个数据库，实现了用户管理、内容管理、线索管理、选题管理、任务管理和数据库管理的统一。

在已经搭建的内容平台层面，通过提供一种支撑环境，建立起较为完善的市场运作、合作及利益分配机制，为全媒体中心的良性运作提供外部性保障。与此同时，还要构筑一个多接口的、数字化的开放性平台，让社会上的内容生产组织主动吸附到本平台上，并通过相互合作，掌控更多来自各类终端的信息源，完善中央数据库和应用平台网络，实现产业链的延长。

2. 全媒体流程再造

全媒体流程再造可以概括为：实现“前端全媒体采集，后端流媒体制作，终端互动式体验”。以国内较早成立的烟台日报全媒体新闻中心为例，烟台日报传媒集团组建全媒体新闻中心后，在其创建的“全媒体数字采编发布系统”这个统一的内容平台上，集团记者围绕某一新闻事件，采集包括文字、图片、音频和视频等相关素材，并将素材录入全媒体数据库，随后将这些素材二次编辑和加工，然后由各媒体各取所需，并通过深加工生产出各种形态的终端新闻产品，通过不同的传播渠道发布。

烟台日报初步实现了一次采集、动态整合、多个渠道、多次发布的数字化传播流程。烟台日报的全媒体新闻中心由三个部分组成，相当于集团内部的通讯社：总编室负责总体指挥及协调各子媒体的运作；采访部门负责日常采访工作；数据信息部负责稿件标引、背景资料收集、针对大事件的前期资料整理及视音频素材的编辑整理。

在全媒体流程再造过程中，全媒体组织再造是关键一环。全媒体中心可设置中央编辑部（包括总编室、采集室、数据库部、数据挖掘部等）和运营部两个大的部门。在办公方面，目前较为常见的是建立同心圆式的办公室，如：烟台日报就创办了一个虚拟组织——YMG特别工场，一旦有突发或重大新闻事件发生，由全媒体新闻中心牵头，其他各媒体临时抽调人员组成。

3. 全媒体产品再造

全媒体产品再造也是全媒体运作中的重要环节。经过全媒体化运作，各报业的全媒体资源实现了如下转变：受众可通过手机（下游，即时阅读）、网站（中游，中度阅读）、报纸（上游，深度阅读）三种方式实现三层阅读。

（1）中国平板电脑版报纸的内容

就中国平板电脑版报纸的内容而言，分为两种情况：一种情况是将传统报纸的内容全部搬到平板电脑中，类似报纸网络版，这多见于党报体系的平板电脑版报纸；另一种情况是在传统报纸原有内容的基础上，针对平板电脑所具有的特性，增加了大量适合平板电脑体验的新内容，堪称“多媒体”报纸，这多见于市场化报纸。市场化报纸面对激烈的市场竞争，出于生存发展的压力，为平板电脑用户提供更好的信息服务是其必然的选择，只有这样才能吸引尽可能多的信息用户，更好地拓展生存空间。

就绝大部分中国平板电脑版报纸而言，传统报纸的信息内容在平板电脑版报纸中基本都有，这可以让使用者获得与纸媒同样的信息内容，只是这些内容在平板电脑版报纸中进行了独特的编排，更符合平板电脑用户的信息获取方式和习惯。

以《新华日报平板电脑版》为例，这是我国省级传统主流媒体向新兴传媒转型的典型代表。从内容上看，它包括“今日要闻”“江苏动态”“文体财经”和“专题服务”四大频道及“视频新闻”“图片新闻”和“24 小时实时滚动新闻”三大板块。该报平板电脑版将当天的《新华日报》电子版内容原样呈现，此外，“视频新闻”和“图片新闻”则是传统报纸中所没有的内容板块。尤其是“视频新闻”在平板电脑版报纸中得到充分发挥，体现出“全媒体化”的趋势和特征。《南都 DAILY》是南方报业传媒集团发布的平板电脑版报纸，它分为评论、重点、时事、深度、视觉、国际、财经、娱乐、体育、漫画、专栏等众多板块，囊括了文字、图片、视频、流媒体等多媒体呈现形态，其主界面背景则实现动态天气播报，根据用户所处地理位置，实时呈现相应天气场景，使用户获得更真切的虚拟体验，这些都为用户提供了一份丰富立体的精华信息大餐，这在传统报纸中是不可能呈现的。

（2）中国平板电脑版报纸的形式

从报纸的形式层面而言，平板电脑版报纸的形态与纸媒已然有了根本的区别。同网络版报纸的形式相比，平板电脑版报纸的设计更为人性化。总体来看我国网络版报纸，其表现形式依然是以文字报道为主，其他形式的报道较少，基本相当于纸媒的翻版。而大部分平板电脑版报纸一般都是各家报纸专门针对平板电脑特性精心研发的多媒体新闻产品。就目前的平板电脑版报纸形式而言，虽然存在着一些缺陷，但已经给予了用户前所未有的新闻阅读体验。

首先，平板电脑版报纸十分注重体验性，能够给予阅读者绝佳的感官体验。

平板电脑作为一个强大的数字化平台，比一般终端有更精细化、更重体验性的设计，这为平板电脑版报纸提供了良好的传播平台。平板电脑版报纸的阅读操作非常便捷，基于平板电脑终端的功能，只须手指轻轻滑动屏幕，便可实现快速翻页、点击打开阅读内容、放大图片等功能；阅读效果也非常绚丽多彩，用户可以随意调节文字大小和显示方式，体验高清晰度的新闻图片。栏目板块是经过人性化、精细化的设置，与传统报纸不同，读者可以更精确地自主选择资讯信息，而不再被动接受信息，这些都给用户带来精彩的新闻阅读体验。

其次，多媒体化的立体传播形式成为平板电脑版报纸的一个显著特征。平板电脑版报纸不约而同地采用了多媒体报道的模式，以实现传播方式的立体化，从而给予读者完全超越纸媒及网络版报纸的全新方式。如今，新闻报道已经从以往的“图片”时代迅速转变为“视频”时代，视频新闻必然成为平板电脑版报纸的一种重要报道形式，这在传统纸媒中是不可想象的。

最后，具有更强的互动性，这成为平板电脑版报纸基于移动网络信息平台的另一个重要特征。几乎所有平板电脑版报纸都尽可能多地采用了评论、微博、报料、投票等全面的互动方式。

（3）中国平板电脑版报纸的经营

中国平板电脑版报纸的经营完全不同于传统报纸，其生产成本更为低廉，发行方式更为便捷，且形成了与传统报纸完全不同的盈利模式。

首先，平板电脑版报纸的生产成本更为低廉。从经营的角度而言，成本核算必不可少。平板电脑版报纸的内容生产相对于传统报纸的内容生产，有着截然不同的情形。传统报纸的内容生产，涉及印刷设备、报纸纸张、印刷油墨、印刷人员等多个方面的高成本付出，而报纸售价的低廉导致根本不能收回制作成本，售卖报纸完全是亏本，而靠广告赚钱补贴。如果没有足够的广告收入，传统报纸将无法生存，这也正是当下传统报纸所面临的严酷挑战。而平板电脑版报纸的内容生产不涉及纸张、印刷等因素，一次制作即可供用户无数次下载，更因其不涉及物质实体的成本投入，其售价就更为低廉，从而形成一定的价格优势，加之更为人性化的阅读体验，自然吸引平板电脑报纸阅读者。其次，平板电脑版报纸的发行方式更为便捷。传统报纸的发行需要建立一个非常庞大的发行系统，以保证报纸订阅和零售发行的畅通。除“邮发合一”的强大发行机制外，更有报社自办发行的庞大队伍和无数的报纸零售摊点。平板电脑版报纸的发行则十分简单，它不需要复杂的发行网络。下载该应用程序的用户越多，就意味着该报纸的发行量越大。

最后，平板电脑版报纸已经形成了独特的盈利模式。就平板电脑而言，自主选择和付费购买应用程序是苹果用户所普遍认可的售卖方式，平板电脑版报纸作为苹果应用商店里的应用程序，采取收费模式完全符合平板电脑用户的消费习惯。对中国的平板电脑版报纸而言，目前绝大部分报纸是免费提供给用户的，其目的是推出产品、吸引用户，而不在于盈利。事实上，对于许多纸媒而言，不管未来平板电脑能否帮助它们打破付费阅读的僵局，当前平板电脑更大程度上的意义还是一种营销手段。

传播媒介演进的历史表明，当新的技术和市场催生出新媒体，围绕新、老媒体的生存发展必有一场论争，平板电脑报纸也不例外。目前国内针对平板电脑版报纸的论争，主要存在针锋相对的两方观点：

一方观点认为，平板电脑版报纸基于平板电脑平台的完美体验和强大功能，能够拯救危机中的报业。

2008 年报业寒冬来临，传统报刊媒体纷纷寻找新的发展模式，试图为报纸发展注入新的血液，增添新的活力。平板电脑在全世界的热销，带来的是一个数目庞大的固定用户群体，平板电脑版将成为报纸发行的新选择。而且报纸与平板电脑结合优势明显：从形式到内容的革新、用户全新的体验、报纸优点与新媒体特色完美融合。由此，平板电脑版报纸将实现报纸形态的革命性变革。平板电脑不仅可以还原纸的形态和精髓，而且延伸了纸的功能，尤其是推动了内容付费的实质进程。它改变了内容传播、媒体运营及服务的思路与方式，从创造新型终端着手，打开了互联网长期以来缺乏有效盈利模式的死结。平板电脑可以比作在全球网络平台上建立的一座媒体品牌连锁超市。平板电脑不仅是终端，更是集展示平台、竞争平台、支付平台、互动平台于一身的“杀手级平台”。

另一方观点，认为平板电脑版报纸未必是报纸的救星，且自身存在诸多问题，相反传统报纸已开始复苏，依然有相当的生命力。

平板电脑版报纸至少面临四大难解之题：一是竞争对手。平板电脑并不仅是媒体终端，更是一个极度多元化的娱乐平台，用户时间和注意力是有限而分散的，平板电脑版报纸至少面临游戏类应用、微博等社会化媒体应用、新闻聚合服务类应用，以及其他平板电脑报纸应用等几大竞争对手。二是受众识别。有些公司目前拒绝将用户资料提供给媒体或出版商，这样媒体 3 就不能准确识别自己的受众。三是生产方式。平板电脑报纸须精心制作耗时耗力，同时其应用更新还受制于该公司审核流程，必然难以保证新闻时效性。四是盈利模式。①阅读的网络条件限制，脱机版的更新周期也是问题；②阅读的界面比实际报纸小，简单继承报刊版面带来阅读困难；③“应用”中的互动仅有评论、转发、与微博关联等常规手段，缺乏给予用户在移动中互动的创新手段；④个性化服务不足，未必能超越传统媒体和网站。此外，平板电脑未必是适合一切人群、一切场合的终端，它只是很多新可能中的一种。还有学者认为报纸有相当的优势，价格低廉、携带方便、自然质感、看完即扔的随意性等特点，决定了其他新媒体不可比拟。这就是为什么纸媒被称为“媒体中的面包和盐”，能够长期存在的原因。报纸在发展史上遭遇的挑战不止一次两次，然而由于其不可取代的优势，每次挑战都化险为夷。平板电脑的出现并不意味传统纸媒的彻底终结，传统的报纸、电视依然是中国广大受众接受信息的最主要方式，平板电脑不是取代传统媒体，而是推动媒体和受众进一步细分，给予不同群体不同环境下的多种选择。

从截然对立的两方观点中，我们可以获得一些启发：新媒体不断涌现是媒体发展的规律，平板电脑只是最新出现的一种新媒体而已。可以预见的是，未来将是更趋多元化的新媒体样态，媒体世界的繁荣发展、公众服务的不断提升都需要多样化的媒介生态。

报纸是否继续有着强大生命力，这取决于其自身能否在市场竞争中保持优势和前进的动力，这就要求报纸应当随着媒体生态的变化而不断革新，稳步加快与新媒体的融合进程，更好地满足受众信息需求。

我国平板电脑版报纸已然形成了不小的规模，平板电脑版的期刊也有很多种，而广播电视媒体的平板电脑版目前却仅有北京广播电台、中国广播网、中国网络电视台、中央电视台、新华电视等稀少几家。报纸平板电脑版的模式相对较为成熟，而广播电视媒体的平板电脑版应当以何种样态提供给用户，使之既区别于传统广电媒体，又体现平板电脑特性，这是一个更具挑战性的课题。

传媒的平板电脑生存未来将形成如下三个基本趋势：将由报纸平板电脑版的强势发展走向所有传统媒体平板电脑版的全面发展；将由平板电脑版依托传统媒体运营走向平板电脑媒体完全独立运营的道路；将由平板电脑媒体的免费下载模式走向平板电脑媒体的全面收费模式。就我国传媒平板电脑版而言，免费提供只是过渡形态，收费使用才是成熟模式。

多种形态的传统媒体在平板电脑平台共舞，将更好地满足用户获取信息的多样化体验。传统媒体与平板电脑平台的融合将是不可阻挡的发展趋势。

第二节　融合新闻的报道主体

一、融合新闻记者

伴随着媒介技术、传播业务、接收终端等方面的变化，媒介所有权、媒介组织、媒介技术、媒介采制都发生了融合，甚至在媒介叙事、新闻采集、新闻制作、新闻编辑等几个层面，较以往都发生了很大的变化，出现了融合记者、融合编辑等新的角色。

（一）融合记者的诞生

在信息化时代，要实现任何人在任何时间、任何场所，都能安全、便捷、高效地获取丰富的、个性化的信息服务，仅靠单一媒体的工作流程已不再适应一个数字化的融合新时代。传统以文字、声音和图像等因素来为媒体领域做泾渭分明的定义，或为记者进行传统媒体的分类将变得越来越不可能。

我们正在见证着“一个统一的媒介王国”的出现，因为“技术的法则就是整合的法则”。“它可能在本质上使所有的社会机构发生转变”，包括新闻传播教育。为此，未来从事新闻职业的人必须能够迎接各种各样的挑战和改变。这些改变，首先源于未来记者工作方式的改变。未来的融合新闻记者、编辑的角色可能是“新闻流编辑”“复合功能记者”“记者与编辑合一”“背包记者”“全能记者”“故事建构者”等。

媒介融合使记者的新闻生产流程与方式发生了转变，将要实现多媒体信息的采集、管理、加工与发布，建构一种协同分享式的集约化的新闻生产流程。多媒体新闻资源的采集要求未来的记者必须具备能写、能拍、能摄的基本技能，以完成多媒体信息的采集，在美国称为“背包记者”。记者编辑能以多媒体手段完成信息采集、加工，做好多媒体的故事讲述和多平台的发布，满足受众个性化的需求，实现新闻信息发布时间的多重设置和新闻内容的相互嵌入，提升媒介的影响力。

美国学者约翰·V. 帕夫利克在谈到新媒介对新闻教育的影响时说：“新媒介将改变新闻和大众传播的教学和科研，改变新闻教育者的工作方式；改变我们讲授的内容；改变新闻院系和其他高等教育机构的结构；改变新闻教育者及其公众关系。”

为适应这种角色的变化，未来的媒介融合教育应让学生明确：

如何能通过几种不同的媒介进行新闻写作？

如何能用文本、音频、视频、网络等不同的方式叙事？

如何适应全天候新闻业务变化，改变对待截稿时间的态度？

如何成为“下个十年”出现的“过滤信息”的全新媒介职业者？

在传统新闻学中，新闻工作者总是把自己界定为“报纸”记者或“电视”记者。当我们在极力区分专业教育差别的时候，社会则强调学科的交叉、专业的多能，探讨融合中的“超级记者”或“双栖记者”。随着媒介的融合，一个真正独立和强大的传播新媒体系统将会出现。

在我国，已有少数大学开启了融合新闻教育。鉴于复合式平台的融合新闻报道将成为未来新闻的趋向，因此，在新闻传播的专业教育中，吸收媒体融合知识应是当务之急。

（二）融合记者的转型

媒介融合及三网融合的直接结果是形成一个全域媒体网络，无时不在、无处不在的全域媒体将会影响我们未来的生活方式，并产生媒介行业的全新生态系统。与此相应的“融合新闻”也期待着适应媒体融合时代的新型专门人才。

1. 全能型融合记者

在理念上，首先要确立全能型人才观念。根据美国的经验，媒介融合人才的培养应分为两个层次：一是能够在多媒体集团中进行整合传播策划的高层次管理人才；二是能够运用多种技术工具的全能型记者编辑。对于全能型跨媒体记者编辑的培养，就是要求必须学会同时运用多媒体进行工作，学习运用更多新技能的多媒体和工作流程讲述故事，力求在以印刷、在线及视音频的融合新闻工作平台上取得成功，这是新闻从业者工作角色重新定位的着力点。

全能型或多媒体记者、编辑的工作，最基本的要求是要有一种多媒体的思维方式。传统的典型叙事结构是依照线性模式讲故事，是按照既成的报道套路单向、单一的传播，而多媒体新闻则包含不同的报道方式或不同的叙事结构，既要考虑双向互动的非线性传播方式，又要善于运用不同的媒介语汇报道新闻，并根据不同的传播要求，运用不同的采访和编辑思维。

“媒体融合”势必成为未来传媒业的主流，培养新一代的“媒体融合”人才便是重中之重。面对迅速发展的新媒体技术，我们可能难以教会他们使用每一种最新的技术工具，但我们要告诉他们技术工具的本质与演进趋势，让他们拥有扩展和更新自己知识系统的科学思维方法和基础知识结构。

未来新闻从业人员基础知识进行结构性重构时考虑要基于以下三个要素：①公众总是在任何可能的时间，通过任何最方便或是公众最感兴趣的方式（媒体形式）来获取有用的信息，这种趋势日益明显。②公众日益摆脱被动接受新闻或信息的状态，尤其是年轻人，乐于回应、参与媒体报道。专业媒体的记者必须正视这一现实。③媒介融合的教学不应当是“重视多能，忽视一专”，而是要求报道者能够在团队中正确理解自己的角色，发挥其应有作用。

这三个要素实际上分别对应于新闻发布的融合、新闻生产过程的融合和新闻从业者角色的融合。这三个层次的融合是对媒介融合语境下新闻传播角色转型的进一步阐释。尽管目前大多数媒体还未完全实现融合，而且，融合式报道也并不适合每一个记者，但融合式新闻生产的时代一定会到来，并且正在逼近新闻传媒的实践。

由于多媒体数字技术的飞速发展和互联网的迅速普及，传统的新闻采集与传播方式发生了巨大的变化。信息的处理、储存和运输变得极为简单，进而信息传播渠道、接收终端的多样化与融合显得顺理成章。受众可以使用一个多媒体平台，如：手机发布微博、阅读手机报，还可以收看手机电视，浏览各种网站，进行各种信息的发布与接收。多媒体新闻采编工作平台的出现打破了不同媒体之间采编的隔阂，在这种形势下，能为所有媒体提供不同形态新闻产品的全媒体记者出现，并受到业界推崇。

而在我国，2007年南方都市报社摄影部首次设置了视频记者的岗位，鼓励记者采访音视频新闻。针对同一个新闻题材，记者要为不同的媒体平台写至少3篇不同的稿子。其流程是在采访过程中随时更新微博，即时发布最新的消息；采访的时候运用录音笔、相机、摄像机等工具同时采集图像、音频，甚至视频资料；采访回来以后撰写一篇涵盖各项基本新闻事实的稿件发送到南方报业网等网站；然后才开始撰写刊登在报纸上的稿件。

这些案例说明，在报纸、广播、电视、互联网、手机等媒体形态融合并存的时代，新闻的采访与报道流程已经发生了明显的变化。面对同一新闻事件的报道，记者不再局限于为某单一的媒体提供新闻产品服务，记者必须熟练适应多媒体技术，在不同的媒体间灵活转换，提供最合适的内容产品。这是媒介融合趋势下记者不得不做出的调整与改变。针对上文提到的女记者与《南方都市报》记者，业界有一个新的词来形容——“全媒体记者”。

全媒体记者顾名思义，指“具备突破传统媒体界限的思维与能力，并能适应融合媒体岗位的流通与互动的新闻传媒人才。”

随着多媒体技术与新媒体的不断发展，媒体间的隔阂被打破，过去记者只为某单一媒体工作的情形不复存在。在新闻采写的实际操作过程中，一个记者身兼数职，既是记者又是编辑；既要进行文字的采写，又要摄影、摄像，搜集图像资料，同时出镜报道。这种趋势在媒介融合背景下尤为突出，记者开始跨媒体平台工作，向掌握写作、摄影、摄像、剪辑等技巧的复合型人才转变，成为“全能记者”。

詹新惠2006年毕业于中国传媒大学电视与新闻学院，新闻学博士。现为中国传媒大学新闻学院副教授，硕士生导师。詹新惠在《正确培养“全媒体记者”》一文中将全媒体记者解析为三层含义。第一层为技能层次。要求记者全面掌握与运用全媒体新闻采集、制作技术，学会文字记者的采写编评，摄影记者的图片报道、现场抓拍，电视记者的摄像、剪辑、非线编辑等，以适应不同媒体岗位的流通与互动。

第二层为运用层次。密苏里新闻学院在媒介融合实验室训练学生时，重点在于学生对新闻媒介的运用选择。对于一个新闻事件，在哪些方面使用文字报道，哪些方面使用动态影像？多大程度上使用手机媒体，多大程度上使用网络新闻，多大程度上使用图像图表？是用静态的线性来表现，还是用Flash技术支持的动画来表现，是用滚动新闻现场直播，还是与用户互动采用网民提供的内容？这些都是对“全媒体记者”综合能力的考验。学会灵活运用各种媒体，并在媒体间自如转换，是对“全媒体记者”的高层次要求。

第三层为思维层次。做“全媒体记者”，最难的是要突破原有的传统媒体思维和固有的媒体界限意识，变受众为用户，变宣传、灌输为引导、服务，形成以用户为中心的思维模式。同一条信息，在“全媒体”平台上可以呈现各种纷繁的表现形式，但“全媒体记者”不能仅仅将信息做出各种形式的报道，而必须是根据不同用户的个性化需求，为其提供差异化的内容。

媒介融合时代，传统记者向“全媒体记者”转型是必然的趋势，“全媒体记者”成为当前“媒介融合记者”的主要表现形式。但媒介融合是一个不断变化发展的过程，随着媒介融合的不断推进，“媒介融合记者”也将在“全媒体记者”的基础上不断扩充、拓展，做技能、运用、思维上真正融合的记者。

总之，融媒时代的记者应能在多媒体统一平台之间自由流动。为此，记者必须掌握多媒体技术，必须学会运用多媒体信息传播渠道，必须熟悉不同媒体形态的运作。从单一媒体的故步自封中走出来，拥抱多媒体技术，为受众提供多种形态的媒介产品，这是传统记者在媒介融合时代生存和发展的必然选择。

2. 信息的筛选者 / 知识的管理者

媒介融合对新闻从业者多种媒体技能的要求，已成为新闻媒体对未来“通用型”人才需求的共识，同时也意味着新闻人得承担更多的工作责任。面对数字化时代的海量信息的资源，未来还将有一种涉及过滤信息的全新职业出现，如：整理者、摘要者、调查者等。有些记者的基本职责会从信息收集过渡到信息加工，未来的记者会花更多时间在编辑和集合这些消息上，而不是收集信息上。记者作为背景供应者的角色将被弱化，融合新闻记者从信息提供者到信息筛选者的变化，对新闻从业者提出了新的要求。

媒介融合时代，任何人只要有相机、手机等数码电子产品就可以随心所欲地进行信息的采集与发布，参与新闻传播活动。传播活动从过去“点对面”的传播变成了如今“点对点”的传播。而互联网的开放性减少了传播过程中对信息进行监控、审查和封锁的关口。把关人由传统的记者逐渐向网民转移，谁都可以对具体的某条信息进行把关，但谁都无法再对信息流进行把关。信息爆炸的趋势越来越明显，而海量的信息又真假难辨，这对编辑记者把关人的角色提出了挑战。在融合媒介中，记者转而向信息筛选者的角色转变：从海量的信息中筛选出有价值的受众感兴趣的信息，从真假难辨的信息中筛选出真实的信息。

数年后，伴随电子计算机的发展与普及，信息大量产生并高速传播，各种信息爆炸式出现并加速增长，信息资源高度膨胀从而带来信息泛滥、信息超载、信息浪费等社会问题。

信息过剩并不是伴随媒介融合进程出现的，但媒介融合却使这一现象更为明显，到处是信息，但到处是重复的信息，到处是没有用的信息。当受众打开两份不同的报纸发现内容相差无几，打开电视想了解点别的信息，可还是和报纸一样的新闻，转而你打开电脑浏览网站却发现除了谣言有点不同外也没什么新的东西。信息也在不断更新，但受众往往对第一波信息还没来得及消化吸收，第二波海量信息已经袭来，将受众团团包围。

电视机 24 小时播出，而受众永远不知道它喋喋不休地在讲什么。打开电脑，网站时时动态更新，从家长里短的鸡毛蒜皮到国际经济走势，密密麻麻的信息铺天盖地而来，看完网络一天产生的所有消息就得花费几年。甚至当受众在楼下等电梯时都不得不收看强制性的楼宇电视。信息曾经是一种稀缺的资源，但如今却和土豆一样平常，甚至由于过度膨胀而成为一种污染。人们陷入一种持续无意义信息过剩的状态，把大量的时间消耗在无意义的信息的获取上。在信息越来越臃肿的信息爆炸时代，由于个人时间有限、精力有限，人们迷失在信息的海洋中，越发难以找到自己需要的信息。因此与“免于愚昧无知的自由”——知情权相对，人们提出“不知情权”。

另外，由于互联网的去中心化，每一个人都可以信息传播者的姿态出现，利用随手可及的设备参与新闻信息的生产与传播。媒介融合实现了让任何人在任何时间、任何地点发布任何内容的信息。新闻事件的亲历者、旁观者、道听途说者等每个人都如同一个微型的移动通讯社。只要他们能够连接上互联网，就可以第一时间把信息传递出去。众声喧哗难免会鱼龙混杂，而传统新闻流程中的把关人在很大程度上已经无法对信息进行审查、截留，也无法充分发挥把关作用。在这种新型传播流程中，受众的素质参差不齐，大多没有接受过专业的新闻职业训练。他们发表的观点大多未经过深思熟虑，传播内容大多粗制滥造、质量低劣。同时，在网络匿名性的掩护下，有些人甚至刻意制造谣言，传播虚假信息，而网络的开放性与共享性又加剧了谣言传播的速度与范围，一条假微博瞬间可以被转发数万次。

再者，融合媒体时代，在信息的传播过程中受众成为比媒体更重要的信息传播节点，而且传播节点呈现出网络状。受众担任着传统媒体中的把关人角色，这个群体的数量大得无法想象。在这些传播节点上，任何一个微小的变动都有可能导致传播过程中信息的失真。而且每个人总是不求甚解地接收信息，同时在进行转述的过程中加入自己的理解与想象。如此，若干个节点下来即使原本是真实的信息此时也已面目全非。同时受海量信息的影响，信息的准确性也值得质疑。海量信息混淆了受众的视听，甚至逐渐让他们丧失了对信息真假的判断力。

信息大爆炸时代，无用信息挤占了人们的时间，堵塞了人们的思考，对受众来说是一种不必要的负担。我们需要对信息做出甄别，而这需要智慧、需要经验、需要大量时间和精力。因此融媒时代，记者作为信息传播的主体，对海量信息进行去伪存真，筛选出有价值的信息成为其主要的职责。

3. 信息服务的提供者

媒介融合时代多种传播手段被综合使用，成千上万的媒体和自媒体也在不断地进行信息生产与传播。和过去相比，受众已经在不断被信息海洋淹没的过程中变得麻木、注意力分散。在获取信息时拥有了更多的自主权，他们有太多的方式与渠道得到想要的信息，甚至只要愿意，他们可以随时自由发布信息，参与信息的传播。

作为信息的提供者，媒体一直以来具有多重属性。它既有政治属性，又有经济属性，同时还作拥有公益属性。随着市场经济的逐步开放，媒体在逐渐商业化的过程中市场经济属性增强。在利润的驱动下，媒体和其他盈利组织一样为社会提供新闻产品并销售出去，受众与广告商成为媒体的消费者。在这种二次销售的过程中如何最大限度地抓住受众，这是媒体追求利润最大化的关键。

然而一个媒介所赖以生存并赢得竞争对手的主要因素，在当代已不仅限于具有原创性的独家新闻，而在相当程度上依靠独家的信息加工视角、信息处理手段及信息表现方式。在内容可以轻而易举被复制和传播的今天，重复的、相似的内容太多。尽管内容依旧在媒体竞争中占据重要地位，但继续崇奉“内容为王”已经不合时宜。在媒介融合时代，媒体之间的竞争已不仅是内容之争，而是如何为受众提供方便快捷的信息服务，把为受众量身定做的信息服务通过适当的方式及时推送给受众，从而建立起独一无二的信息服务。因此，记者也从当初新闻信息生产者的简单角色转化为信息服务的提供者。

著名传播学者施拉姆曾经根据经济学“最省力原理”提出受众选择传播媒介的概率公式，以此表示某种媒介被受众选择的可能性大小：受众对某一媒介的选择概率，与受众可能获得的收益与报偿成正比，与受众获得媒介服务的成本或者费力的程度成反比，即媒体选择概率（P）= 媒体产生的功效（V）/ 需付出的代价（C）。

因此，作为记者应该改变过去对自己的定位，摒弃过去作为传播者居高临下的姿态，主动去了解受众的需求，并为受众提供大量可供选择的、准确的、时效性强的、随时随地方便快捷获取的信息。只有提供有价值、有特色的信息服务才能在激烈的媒体竞争中立于不败之地。为实现这一目标，记者应当细分信息，针对不同受众的偏好为其提供个性化、差异化的定制服务，实现信息服务的无时无刻不在，并与受众的需求实现无缝对接。

4. 信息的解读者

有学者提出，新闻媒体竞争的本质是对新闻资源的争夺与分割。但信息时代，网络的开放性使新闻源出现后被迅速共享，记者获得独家新闻、争夺时效性的难度越来越大。而信息方便快捷的复制和传播更是加剧了信息的同质化现象。打开一个城市的几份报纸，内容相差无几。在不同的电视频道中切换，新闻内容也大多相似，犹如孪生兄弟姐妹。从一个网站转换到另一个网站，信息铺天盖地转载，内容都是一个模子里刻出来的。

因此，要想在信息的海洋中脱颖而出，记者必须从新闻的记录者、陈述者向信息的解读者角色转变。在对新闻事实进行报道时坚持做原创性新闻，通过独特的角度和思维模式，并结合自身的价值观、审美观对新闻事件做出全面、深刻、独到的剖析与解读，发出不一样的声音。

首先，要对信息进行深度报道。海量性是网络的一大特征，网络时代新闻的传播不再像传统纸媒、电视媒体一样受制于版本、时间等稀缺的影响。这使得记者进行新闻采集与报道时的内容空间趋于无限。而由于互联网时代背景下人人都可以参与新闻信息的生产，受众不再满足于新闻事实本身的简单报道，同时不同受众对新闻事实的关注点也大不一样。因此，记者必须对新闻事件进行全方位的深度报道，并通过超链接等方式为受众描述新闻事件的每一个细节。

其次，要对信息进行深度阐释。网络上新闻信息的超载，让受众不再满足于浅显的新闻事实描述。他们不仅想了解新闻事实及其前因后果，还希望了解新闻事实发生的背景、深远意义及对受众生活可能带来的影响。记者应该通过对报道事实的解释，揭示出新闻事实或问题的症结所在。这种对信息的解读近乎分析性新闻，它除了按一般新闻规律报道事实外，着重回答新闻事实为什么发生，以及“将如何”帮助受众理解那些隐藏在新闻事件背后，而又不为一般人立即理解的有关事件的本质和意义。

最后，要对信息进行深度评论。在信息时代，我们不缺少信息，而是缺少对事实的观点，缺乏以理念取胜、以思想取胜。在报道中，记者可以通过观点和意见的表达与简要消息区分开来。新闻事实只有一个，但观点可以有不同。每个记者的价值观、审美观、表达方式不同，因此，对同一新闻事实可以从不同角度、不同立场予以解读。

（三）融合记者的技能

媒介融合时代的记者必须掌握多媒体传播技术，尤其是以互联网为代表的新媒体技术。在任何时候，记者都要携带多媒体信息采集工具记录采访或是捕捉现场。同时，记者还要掌握文档处理软件、图像处理软件、音频与视频编辑软件等多媒体信息加工软件，熟悉多媒体信息的发布。现在即使是在新闻记者云集的新闻发布会上，记者也都是坐在各自的位置，手指在笔记本电脑的键盘上飞快地敲击。电脑的无线网络接收器不断闪烁，混合文字、现场画面、现场录音和摄像的新闻信息即时通过网络上传至媒体新闻中心，并上载至各大新闻网站。这个时候，如果说记者还不会使用数码相机、摄像机等多媒体采集工具，不会使用 Adobe 系列软件对图像、视频进行简单处理，无疑将被数字媒体时代淘汰。

1. 跨媒体平台信息发布技能

媒介融合将我们带入一个记者不再只为某一媒体服务的新时代。纸质媒体、广电媒体、网络流媒体等相互交叉，记者需要同时为报纸、杂志、广播台、电视台、互联网等提供信息产品。因此，记者必须掌握多种信息传播工作，熟练运用录音笔、平板电脑、手机等现代化新闻采录设备，并使用各种相应的内容编辑软件完成新闻报道任务。

媒介技术的不断变革，新闻采编设备的不断改进，促使新闻记者在信息采集与发布中，经常随身携带照相机、摄像机、闪光灯、笔记本电脑、3G 网卡等设备，做到能写、能拍、能摄、能录、能编，既是记者、编辑，又是摄像、主持人，采写的新闻以文字、图片、视频等形式传播至报纸、电视台、网站，这是人们对未来新闻记者角色的理想期盼。

然而，学习使用现代综合采编设备，学习视频画面编辑技巧，相对来说不是难事，难的是拥有多媒体思维方式，即全媒体记者在术业有专攻的基础上，通过一次性全媒体采访，按照各自媒介形态特点制作出相应的媒介产品。前面所提到的美国媒介综合集团的一名女记者，采访报道一个重要的联邦案件的工作日程，即是融合媒体时代记者的缩影。在这里，记者需要在不同的媒体之间自由转换，并按照不同媒体对时效性的要求与传播的特点来对新闻内容进行加工制作，多次发布，生产出满足受众个性化需求的信息产品。在这一过程中，记者突破传统媒体界限，在多种媒体之间运用最适合的介质与方式，最恰当地传播某一媒体信息，这才是理想的状态。

2. 海量信息的真伪鉴别能力

新媒体的出现打破了传统媒体对新闻生产与传播的垄断，受众可以自由、便捷地通过手机、网络等新媒体参与信息传播。

新媒体的发展，使信息的采集与编辑如此触手可及，这样一来，任何未经深思熟虑的文章，任何对社会事件的看法，任何普通民众想要表达的意见都可以通过博客、BBS 等网络平台进行传播。因此，可以想象这些未曾受过专业新闻训练的普通公众每天生产的信息量是难以数计，信息质量也难免良莠不齐、真假难辨。

在这种海量信息与传播时效的双重挤压之下，记者承受着对信息进行查证和检验的时间压力。也正是在这种高压之下，未来考验融合媒体新闻记者的是对新闻和信息的筛选、过滤及真假辨别的能力。由于新媒体提供了多元化的传播渠道和传播载体，使得传播活动的门槛大为降低，各种信息与内容呈爆炸性增长。“信息化”过程的分裂造成社会与文化的樊篱将被重新划分，公共领域出现衰落的迹象。为有效防止这种“碎片化”的蔓延，媒体必须从信息采集者向信息筛选者角色转换。

1998 年 4 月 1 日，凤凰卫视中文台《凤凰早班车》的开办，已呈现出传统媒体筛选者角色转变的雏形。该栏目“借船出海”，将每天的报纸、广播、电视的最新信息做集约化的筛选编辑处理。凤凰卫视的另一档文摘式栏目《有报天天读》，更是荟萃了每天国际媒体和海外华文媒体的言论精华，以“读”的方式，将有关的国内外媒体对大事的评述扼要介绍给广大观众，满足他们获取更多信息的需求，努力做到“一个事件，多种声音”，成为“填补重要言论资讯落差”的信息评论节目。

在新传播时代，新闻资讯的“雪崩”越来越需要记者对信息进行筛选分类。记者面对“注意力短缺”的受众，必须知道如何合理分配资源，这样，记者的工作也由收集信息转为处理信息、编辑信息。如何运用新闻专业知识来判断新闻的真实性，如何对大量的信息进行有效的分类就成为一个融合新闻记者的重要课题。凤凰卫视资讯台的《天下被网络》，即是一档完全筛选网络信息的栏目，当网络的出现让人们面对资讯的海洋，在很多时候真真假假不知如何适从的时候，该节目就利用专业人员的知识及敏锐眼光，进行资讯的挑选和梳理。让观众通过一个节目，知晓当前天下大事，掌握最热的网络话题。中央电视台《新闻 1 + 1》栏目，甚至经常追踪筛选网络热点话题，把网络议题上升为公共议题，实现网络议题与公共议题的对接，并利用央视独有的评论力量对网络话题进行独到而有深度的解读。

我们知道，在新闻学中存在一个“沙漏式”传播模式。在这个理论中，自上而下的传播模式就如同一个沙漏，记者与编辑承担“把关人”的角色，控制着新闻信息的生产与传播：有些新闻可以通过这个狭窄的“漏口”传播出去，而有些新闻不能传播。在传统媒体的运作过程中，“把关人”的作用非常重要，它折射出权威性、规范性与专业性的特点。

然而在媒介融合背景下，新媒体的开发、互动、即时传播使融合媒体的新闻传播与传统媒体相比，呈现出一些迥异的特征。网络技术的个人化、交互性使得普通公民也有了在大众媒体上自由接收与发布新闻信息的权利，从点到面的传播转换为点到点的传播，从单向传播转换为互动传播，传播者与信息的接受者之间的界限也日益模糊，传播过程中的任一角色都可以对信息进行过滤，传统把关人的把关角色弱化。同时，数字技术使信息的复制成本极低，传播速度极快，而且储存无限，每天发布的信息浩如烟海，把关人要及时反应、进行把关也往往力不从心，因此，海量信息的真伪鉴别能力成为新媒体时代融合记者的一项重要技能。

3. 融合新闻的多次开发能力

媒介融合时代的新闻实现了一次采集、深度开发、多次利用，信息得到多层次、多角度、全方位的传播，这促使记者在新闻报道过程中的角色与职责、工作形式等也呈现出相应的变化。

融合媒介时代，信息的各种传播渠道高度融合，人们可以随心所欲地选择媒体以自己最喜爱的形式来接收信息。由于受众收看方式和消费价值观念的不同，不同的平台有不同的受众，不同的平台特征也决定了受众的接受特征，而媒体平台的运营方式又决定了受众的接收方式。所以，媒介产品要想最大限度地覆盖受众达到最好的传播效果，就必须针对不同受众的喜好、信息接收习惯，依据不同媒体的优势来进行信息产品的二次生产与传播。

网络的开放性与无限容量使得新闻资讯在被“一网打尽”的同时，新闻题材的撞车和雷同现象十分突出，并在同一时间实现资源的全球共享。在互联网时代，新媒体的“超级共享性”使得媒体靠独家新闻赚取“眼球经济”成为一件难事。而通过独家策划的新闻资源再开发，媒体则可以绕开在新闻源方面竞争激烈的红海，在二次开发的蓝海中取得良好的传播效果。

由于新传播科技聚焦于多样化的专业信息，大众社会逐渐演变为区隔社会，因此阅听大众日渐因意识形态、价值、品位与生活风格的不同而分化。而传播学者施拉姆提出，人们选择的传播途径是根据传播媒介及传播的信息等因素进行的。人们选择最能充分满足需要的传播途径，而在其他条件完全相同的情况下，则选择其需要的渠道。

由于渠道的融合，媒介融合时代的竞争归根到底还是内容的竞争。媒体必须有自己的特色内容才能抓住在形形色色的媒体注意力高度分散的受众眼球。因此，融合记者必须对新闻的生产、加工、传播进行创造性的运筹和谋划，最大可能地挖掘与拓展新闻的内涵与外延，把新闻传播的时效性与报道的广度、深度结合起来，为受众提供多层次、多角度、全方位的信息产品，或提供个性化定制信息。

新闻媒介产业既是社会公器，又是社会赢利组织；既要保证经济效益，同时也要顾及社会效益。随着改革开放与市场化进程的加速，媒体对商业利润的渴望增强，媒体的成本意识也开始影响到媒体的运营方式。在这种背景下，媒体对信息资源的共享与二次开发利用也被提到重要议事日程。因此，记者必须从传统的信息传播者优势地位中清醒过来，通过与受众的积极互动与交流，在媒介信息市场占据有利的地位，以优质高效的新闻产品服务受众。

二、融合新闻编辑

新闻编辑指现代新闻机构中，从事媒介成品生产过程中的决策、组织、选择加工、版面设计等专业性工作的总称，同时也指从事这项工作的专业人员。新闻编辑是信息传播过程中的无名英雄，常年身居幕后，默默无闻地将记者采写的新闻信息以受众喜闻乐见的方式传递出去，就如作家茹志鹃赞美的那样：“你的成功，消亡在别人的成功之中；别人的失误，却要分担惩罚。掌声和鲜花，只属于作者；你只在无声无息的后台，完成自己的价值。”

现代新闻机构中的编辑一般按照分属的不同媒体进行分类，如：报纸编辑、电视编辑、网络编辑等，也有在同一媒体内按照不同的工作内容进行分类，如：文字编辑、视频编辑、图片编辑等。在所有的这些编辑中，文字编辑是最先出现的，也是最基础的新闻编辑。随着大众传播技术与手段的不断发展与媒介组织的不断变化，编辑的职能也不断分化。

新闻编辑在新闻传播活动中是一个比较独特的角色，他处于信息的采集者、记者与受众之间，担任着信息的决策、选择、优化和表现等工作。他是信息的把关人，是信息过滤者，是记者、信息、媒体与受众之间的中介。他对信息流入受众进行最后的把关，有权决定信息的去或留；他在信息传播的过程中对信息进行过滤、加工、润色、补充和修正等。在整个过程中，新闻编辑决定何时敞开大门让信息流向受众，哪些内容适合传播，哪些内容符合新闻价值，哪些新闻应该占据重要版面与重要时段，在信息的传播流程中居于“核心”地位。

随着互联网技术的发展与媒介融合的推进，多媒体融合构成了新闻编辑工作的特殊语境。不管编辑为哪一种平台工作，不管编辑为哪一家媒体集团服务，编辑都不得不面临这样一个现实：传统信息传播的流程已经发生了翻天覆地的变化，以前单一媒体单向传播的封闭式传播模式已经被开放的互联网彻底打破，新闻的采集与发布流程受到来自互联网的冲击，处于信息传播流程末端的编辑的角色、编辑流程都在不知不觉地发生变化。媒介融合不仅改变了新闻编辑的工作内容和工作状态，同时也改变了编辑的思维方式。

（一）融合新闻编辑的诞生

美国南加州大学教授曾经将融合新闻看作是发生在新闻编辑部中，新闻从业人员一起工作，为多种媒体的平台生产多样化的新闻产品，并以互动性的内容服务大众。在不同的媒介组织、媒体形态不断融合的过程中，媒体的新闻传播活动由以往的“各自为政”转向“集约生产”。一次采集、深度开发、多重发布取代了过去的一次性采访与信息发布。传统媒体向融合媒体转型变化最大的不是信息采集与写作，而是信息编辑阶段对新闻信息的整合、加工。传播渠道和信息载体的多元化都推动了新闻编辑部组织结构及角色和功能的变化。

来自不同媒体的文字、摄像、摄影记者与编辑重新组合成一个新的新闻团队，共同策划、采写、制作、发布新闻，实现不同媒体联合运作，共享报道资源，统一编辑制作与处理稿件。这样一来，编辑的职能、工作环境、工作内容等都发生了重大变化，进而对编辑的工作提出新的更高的要求。

而编辑部则跟进记者的报道，并与记者合作制作图表、视频等内容，同时还通过网络与受众保持频繁的互动与联系。在这个一体化的编辑部中，互动新闻协作组每周和其他的部门开会，协调对重大新闻的报道安排，并共享新闻信息，沟通报道进度。

新闻编辑部在媒介融合时代由传统的单一媒体编辑报道逐渐走向多媒体融合传播，从而导致其工作内容、职责与角色都发生了新的变化。

1. 新闻制播人与新闻流编辑

在融合新闻编辑部里，新闻流向多媒体创造了两种新型的管理者类型：新闻制播人与新闻流编辑。他认为这两种角色不是职务头衔，而是必须完成的工作，工作的职责是管理信息流。

新闻制播人综合了传统新闻编辑部里的诸多角色的作用，这些角色包括文字编辑、责任编辑和广播电视新闻编辑部中的制片人。新闻制播人主要解决多媒体环境下的新闻人如何应对信息和新闻流问题，它们不像今天的新闻报道线性、组装式模式，工作的质量控制主要集中于对观点的阐明上（制片人或文字编辑）。根据具体议题，新闻制播人管理多媒体“流”，直接传输信息，或使新闻能为更多的媒体平台所用。因此，新闻制播人必须具备文字编辑发现细节的眼睛，具备制片人追随与跟进信息的智慧，具备责任编辑对一个新闻主题可能采取的多种实现途径或为此进行资源配置的技能。在融合编辑部中，新闻流编辑有管理信息流的作用。这种作用因为编辑部多种传输媒体的存在而显得较为复杂。未来，新闻编辑部可能为印刷媒体、电视媒体，以及一个或者多个网站服务，新闻流编辑会将新闻及新闻元素引导给最适合的传输媒体，在生产和运营方面监督记者、新闻制播人收集和生产的信息流，然后再传播给受众。

与之相类似的角色，是报纸媒体的主管编辑或电视台的执行制片人。二者最主要的区别在于，融合新闻编辑部中的新闻流编辑能混合各种媒体新闻，为多种媒体提供新闻内容。从某种意义上说，这个职位可能是目前新闻运营中最重要的过渡角色。

反观当前的状况是，同一机构中不同编辑负责不同的媒体的信息内容，占有不同的工作领域，信息内容由此是专属的而不是共享的，工作被重复。当编辑基于各自工作单元的利益，而不是基于更大的新闻机构的利益做出决定时，融合的协同效应难以实现。

与之相类似的角色，是报纸媒体的主管编辑或电视台的执行制片人。二者最主要的区别在于，融合新闻编辑部中的新闻流编辑能混合各种媒体新闻，为多种媒体提供新闻内容。从某种意义上说，这个职位可能是目前新闻运营中最重要的过渡角色。反观当前的状况是，同一机构中不同编辑负责不同的媒体的信息内容，占有不同的工作领域，信息内容由此是专属的而不是共享的，工作被重复。当编辑们基于各自工作单元的利益，而不是基于更大的新闻机构的利益做出决定时，融合的协同效应难以实现。

新闻流编辑面对着多重挑战，他必须对每种媒体的不同受众有详细了解，并具备每种媒体所需要的编辑能力。还必须与新闻编辑部工作人员适当沟通，确定新闻报道的发布时间。每个记者、新闻制片人、摄影师等，也必须和新闻流编辑就新闻更新、报道角度和最新信息进行交流，以确保新闻能在适当的媒体上得到及时传播。相应说来，信息流编辑应该拥有融合编辑部中最重要的管理技能。

应当指出，新闻编辑部可能有不同的信息流编辑共同管理信息流。有多个新闻流编辑的新闻编辑部，其责任可以按主题划分（如地铁新闻、体育新闻、全国新闻、生活新闻），或者按输出媒体种类划分（如电视、网络、报纸）。虽然有人在早些时候指出，管理融合编辑部的主要问题是术语和工作风格方面的差异，但相关研究表明，其实这些壁垒是可以克服的。相反，主要的挑战却出现在新闻报道的所有权上，提供新闻信息的记者已经和具体媒体融为一体，从而处在印刷和广播电视新闻的组织文化冲突之中。

2. 多媒体任务编辑与制作人

多媒体任务编辑的工作主要在幕后，其在新闻编辑室扮演着交警的角色。他们谨慎地协调媒体内部工作人员的任务，使新闻以一种有效、协调的方式进行播报。任务编辑必须保证所有的报道真实可靠，有确切的信息来源。简要说来，在传统新闻编辑室任务编辑的职责主要包括为记者写作新闻稿提供必要的素材支持，监视突发事件并在突发事件发生时迅速做出判断，分配与协调记者的工作等。

任务编辑一般根据职责和工作时间的不同分配任务，如：计划编辑、任务编辑助理、日班任务编辑、夜班任务编辑等。而较小的新闻编辑室里的任务编辑往往要承担所有的角色，并且可能需要全天候地工作。

制作人可以被看作是新闻广播的设计师。在每天的报道规划中，任务编辑决定报道哪些新闻，并且为每条新闻分配相应的记者、编辑，而制作人决定每一条报道的播报方式。制作人的职责一般有：决定哪些新闻可以播报，哪些新闻不能播出，新闻播报的形式与版面、时长，跟踪记者与编辑的报道进程并安排相应的播出等。不同的市场规模下，新闻制作人或单独完成一天的各种新闻制作，或者多个配合共同完成新闻播出，有的媒体制作人往往同时也兼顾任务编辑的角色。

而在融合的新闻编辑室里，任务编辑和制作人的角色变得更加复杂。传统的任务编辑与制作人为单一媒体工作，只是考虑新闻及其表现形式。而多媒体任务编辑与制作人还必须考虑到不同媒体平台新闻的最佳展现方式。同时，各个媒体的新闻时效性要求不同，对截止时间也有不同的安排。如：报纸一般只有一个固定的截稿时间，广播与电视根据栏目的不同而截止时间不同，而互联网是实时持续更新，没有截止时间。因此，在一个高度融合的新闻编辑室中，任务编辑与制作人必须把所有的新闻报道都考虑在内，不仅仅考虑一个特定的媒体应该如何对事件进行报道，同时需要决定由谁来报道新闻，用哪一种媒体报道新闻，用哪些元素组合能够达到最好的传播效果，以及各种媒体的传播顺序等。

在融合编辑室，分配任务的编辑要懂得最大限度地利用每个媒体的优势，包括评估每个媒体讲故事的能力和它们各自的长处，并且能够决定给予现场记者一些最合适的支持。这一要求使得分配任务的编辑和负责现场报道的记者承担了很多责任。融合新闻报道者首先需要回答他们试图要做什么的问题，这意味着从一个新闻报道过程的开始就充分利用各种工具和媒体，以协调的方式去报道特定的事件。融合新闻报道过程在将来沉浸在数字文化中：图像是数字的，声音是数字的，文本是数字的。记者的任务就是在不同媒体间找到最佳的结合方式。这一切都取决于所报道的事实及在一天的特定时间接收信息的受众。有时候要用电视媒体，它包含其他媒体的要素：有时要用纸媒或者网络媒体，它为新闻过程提供平台。对编辑来说，这意味着理解每种媒体的功能，并思考可利用的所有可能。

具备多媒体意识的编辑能更好地适应复杂、充满各种信息的世界。融合记者编辑如果掌握了基本的声像技术知识，并理解每种媒体的语法和逻辑，就有可能将这种理解延伸到更好的融合新闻报道实践中去，同时可以管理充斥在媒体机构的信息洪流。

（二）融合新闻编辑的职能转变

媒介融合带来的优势是媒介组织能够延伸产业链，释放潜能，提高新闻的生产力与快速反应能力，降低运营成本，拓展受众群体，增加赢利的来源，从而扩大媒体的整体社会影响力。因此，媒介融合是新闻业发展的必然，“整合”一词渐渐成为媒介产业的关键词。不同的媒体之间通过新闻编辑部的内部合作与外界的伙伴关系，共享并交叉推广来自不同媒体的信息。

媒介融合时代，新闻传播活动的一切都发生了变化。有了互联网与无线设备（包括手机、MP3、掌上电脑、车载设备等）等新兴媒体，原先在信息传播的过程中处于弱势的受众可以在不同的新闻来源中选择自己需要的新闻。这些新闻可以来自传统的媒体，如：广播、电视，也可以来自门户新闻网站，甚至还可以从各种社区、论坛获取新闻事件的最新动态。这些新闻可以通过传统的媒体传播，同时还可以通过手机、音乐播放器、车载导航等设备接收。尤其是集计算机技术、数字技术、网络技术于一体的互联网络消解了传者与受众之间森严的界限，只要拥有手机、相机等电子设备，只要能够连上网，任何人都如同一个小小的新闻发布中心。网络媒体不仅具有传统媒体的所有优势，同时还具有传统媒体所缺乏的优势，即海量储存、即时传播、互动性强。以互联网为代表的新媒体与传统媒体融合，改变了新闻信息具体的传播环境，从而使融合新闻编辑与传统的编辑相比角色发生了显著的变化。

1. 全能生产者（生产多面手）

传统媒体的报道方式往往是单一的、分离的。而在媒介融合时代，原有的不同媒体工作者之间的界限逐渐打破。多种媒体的传播手段都可以通过数字化技术方便快捷地进行转换、编辑、储存和传播。因此，新闻工作者之间的职业分工与技能分工逐渐消失。融合新闻编辑不再受文字编辑、图片编辑、视频编辑和网络编辑的工作内容的限制，通过融合媒体编辑平台对多种传播内容，如：文字、图片、视频、音频等进行组织、加工、传播，编辑的媒介属性消失。这意味着，融媒时代的新闻编辑必须具备以往文字编辑、图片编辑、视频编辑、音频编辑的能力，能够处理从文字到视音频的所有符号形态，不仅能够将不同媒体平台的内容进行融合创新，而且还要能够按照不同媒体平台的特色与传播特点生产出相应的媒体产品。

2. 记者和编辑合一

编辑的出现是媒体社会分工的结果。在传统媒体中，记者与编辑是媒体的两大业务主体，二者分工不同，职责互补，共同为受众提供优质的新闻产品。记者负责采写，编辑负责稿件把关新闻发布。二者界限分明，编辑在一般情况下并不参与新闻的采访与制作环节。而到了媒介融合时代，编辑工作前移，参与新闻采集成为一种趋势，即有的编辑兼任起了记者的角色。这一方面源于数字技术的发展，只要能够连接上互联网，无论何时何地编辑都可以上载新闻库进行信息传播。另一方面，互联网时代对时效性要求更为迫切，由于编辑记者的合一，可以实现信息采写编播的一站式发布，这样既有利于缩短信息发布时间，也有利于编辑贴近受众，为受众提供更好的新闻产品。

3. 信息与资源的整合者

信息整合的意思是，编辑对海量的新闻信息进行整合，筛选出受众感兴趣的信息。媒介融合趋势下，受众可以在任何时间、任何地点，通过任何方式得到他所需要的任何信息。受众的注意力已经高度涣散，只有受众感兴趣的信息才有市场。而互联网的兴旺发达与搜索引擎技术的进步，进一步加剧了新闻传播从“推”的时代向“拉”的时代转换。在融合语境下，处于新闻现场的记者往往会发回两种形态以上的媒体报道，这些每天汇聚在编辑部门的来自各个记者的稿件多不胜数。如果编辑不能很好地整合新闻，展示出最有价值、受众最感兴趣的信息，即使是再重要的信息也只能淹没在信息的海洋中，无人关注。因此，融合新闻编辑角色最重要的改变，是对新闻和信息进行重新的整合，在对内容进行筛选和把关的基础上，根据不同媒体的传播优势与受众特点重新组织排列新闻的要素，并予以提炼、包装。

（三）融合新闻编辑的基本素质

随着融合新闻编辑职能的转变，对融合新闻编辑的素质也提出了新的要求。

1. 掌握多种媒体技术

传播媒介形态的变化，通常是由于可感知的需要、竞争和政治压力，以及社会和技术革新的相互作用引起的。而媒介融合首先是技术的融合，虽然技术不是媒介融合进程中最难以解决的问题，但却是进入媒介融合后编辑最先感知到的挑战与必须率先解决的问题。

在融合新闻报道过程中，记者将采集并制作好的多媒体文本汇聚到融合新闻编辑部，如：文本消息、文字稿件、图片新闻、音频与视频节目等，这在大多数媒体已经开始付诸实践。

2. 熟悉不同媒体的内容编辑

以往编辑可能就是决定传播哪些新闻、何种新闻占据头版头条、哪些新闻占用多少版面或时间？但在融合新闻编辑部中，编辑的工作更为复杂，因为编辑要用每种可能的方法来对新闻进行编辑。事实上，融合新闻编辑在接触到新闻源的那一秒起，编辑的工作便已经开始：采用什么新闻元素进行报道？是否使用视频、音频等多重媒体报道？派哪些记者前往采集新闻信息？是作为短消息进行报道还是进行深入追踪？是先在网站上进行报道还是在印刷媒体、电视媒体上进行报道？不同媒体的媒介产品又将如何生产？

融合新闻使用多媒体集中采集新闻，而编辑部应该打破报纸、电视、网站采编之间的隔阂，实现联合报道策划和采访，然后根据所属媒体介质和受众特点分类加工、生产多样化新闻产品，提供给所属不同的媒体进行选择和传播，使新闻资源得到多层次、多角度、全方位地开发，如：美国媒介综合集团的“坦帕新闻中心”与“多媒体新闻总编辑”工作平台。

媒介融合时代，报纸与网络融合实现了报网互动，而报纸的网站包括视频、音频等内容，各种网站也大都实现了文字、视频和音频内容一体化。以深圳报业集团为例，其旗下的深圳新闻网配备了新闻采访车，可以像电视台一样进行现场直播。这样，在对新闻事件进行报道时，新闻现场直播、文字专栏、图片新闻等，以及与受众的互动都可以同时完成，报纸、电视、网络等业务相互融合。而后台的新闻编辑部自然在内容的处理上要进行融合，对记者采集与制作的文字新闻、图片新闻、视音频新闻等一一进行处理并通过集团的各种渠道传播出去。由此而知，如何做到使不同类型媒体的内容生产实现协调，互相补充达到最佳的传播效果，这才是融合新闻编辑最难解决的一个问题。它需要编辑更新观念、转变思路，积极探索跨媒体运作的模式。

3. 协调统筹能力

媒介融合的目的之一是实现资源共享，降低生产成本。这个资源既包括新闻资源，也包括人力资源。同一新闻事件，前往新闻现场的记者发回两种以上媒介形式的稿件，同时编辑将记者发回的稿件进行综合或分发，供多种媒介使用。因此，同一个新闻现场需要记者进行多媒体新闻信息的采集与制作。但往往一个人的精力有限，如果是简单的新闻报道，一个记者还是可以应对多种媒体内容的采写，如果是大型的媒体事件，媒体集团则必须派出多名新闻记者组成采访小组，让他们相互配合，为集团内的多种媒体供稿。

因此，媒介融合时代，编辑不仅要掌握各种内容编辑技术，熟悉各种不同媒体的传播优势与特点等业务知识，还要具有策划、统筹、协调的能力，合理分配新闻资源与人力资源，实现新闻的“一次采集、动态整合、多个渠道、多次发布”，有效降低生产成本，提高新闻的传播效果，提升媒体的综合影响力。

4. 融合编辑策划能力

新闻报道策划是编辑对新闻资源进行合理规划与利用，从而达到最佳传播效果的过程。它需要编辑全面掌握各种媒体技术，并熟悉不同媒体的传播优势，从而在这个基础上突破不同媒体之间报道手段和方式的界限，创造出更多、更新颖的新闻表现形式，这是最能体现编辑创造力和价值的环节。新闻报道策划包括确定新闻选题，确定报道方案，协调记者的分工，确定报道的内容、结构、形式等。通过策划，融合新闻编辑可以筛选出受众需要并最感兴趣的信息资源，在信息高度同质化的今天做出独家视角新闻。同时，通过策划过程中对新闻资源优化组合、合理配置，促进记者深入采访，更好地挖掘新闻资源，深化新闻报道的主题，并在新闻运作方式、采编方式和写作方式上进行创新和突破。

媒介融合时代，媒体之间相互渗透，对新闻资源的争夺日益白热化。过去对新闻编辑素质的要求仅仅局限于“六会”：会选稿、会改稿、会拟制标题、会组版、会画版、会校对。而如今，策划意识与策划水平逐渐成为融合编辑的基本素质。尤其在互联网时代，海量信息的存储为编辑提供了多种多样的资源和更大的发挥空间，融合编辑成为多种传播形态新闻产品的集大成者。在做好新闻编辑、修改、重新排序的基础上，他应该担任起前期的新闻策划，通过策划合理地配置新闻资源在不同媒体平台的分布，实现对新闻全方位、多角度、多观点、立体化的报道，从而提高新闻资源的使用效率，扩大媒体的综合影响力。具体说来，策划内容包括以下方面：

报道的范围和重点。在报道前根据不同的媒体平台确定不同的报道对象与范围、报道的重点，并在进行资源配置时优先考虑。

报道的规模和进程。编辑必须确定报道持续的时间、占据的媒体资源，以及如何进行记者组合，并在每个不同的发展阶段考虑如何使用相应的媒体平台予以表达。

报道结构和方式。记者采集的新闻素材全部汇聚到新闻编辑部，新闻编辑部应当根据不同传播渠道的特点及受众的喜好对新闻产品进行分类编辑、排序，为不同的媒体平台提供最适合的产品。以某地即将召开的征地拆迁发布会为例，在为多个媒体进行报道之前，编辑必须进行多媒体、多方式的策划：如是进行简要的消息报道，还是做现场连续报道或专题报道？如果是广播与电视媒体，既要进行简要的短讯报道，还可邀请事件相关者进行访谈等。而网络则既可以通过超链接为受众提供最全面的信息，同时还可以邀请受众进行互动。

报道资源配置和报道运行机制。报道的资源配置是对参与报道的记者、设备等的分配，而报道的运行机制则是指报道小组的组构、工作流程和管理制度。媒体的资源是有限的，编辑必须根据需要决定记者等资源的配置。在报道的不同阶段，计划以什么新闻元素、什么题材来进行新闻制作，通过什么媒体平台来进行信息传播，以达到最好的传播效果，这些都是发稿计划中所要思考的问题。

第三节　融合新闻的报道基础

一、融合新闻的价值判断

数字媒介技术的变革正在改变传统媒介的工作方式，如果我们能在新媒介环境下找到并确立继续赢得受众欢迎与支持的途径，这将是新闻价值观的准确判断与引导的结果。

（一）新闻报道原则

新闻是什么？这是一个古老而又现实的问题。尽管众多学者与专家作过众多的定义，但随着社会的进步和媒介的发展，其内涵与外延可能会发生一些改变，继而影响着新闻价值要素的阐释。

新闻报道是什么？新闻是新鲜事情、奇闻轶事的报道，新闻是新近发生或正在发生的事实的报道与传播，等等。新闻的各种界定反映了中外专家的价值选择，也道出了新闻报道的基本原则。

在从事融合新闻报道之前，必须先理解什么是新闻。虽然我们从开始从事新闻报道时就接受了新闻学理论的基本知识，但这并不意味着我们就具备了做好新闻报道的能力，就像看了上百部电影依然不能保证你能成为一个成功的电影制片人一样，单纯地阅读、观看、收听新闻并不足以令你成为一个杰出的新闻作家。

要成为一个优秀的新闻作者，最好每天关注新闻。一个好的新闻“清单”包括各种各样的广播、电视、印刷媒体及网络资源。这样做能够帮助融合记者编辑看到不同的媒体如何界定新闻，让你看到新闻故事是如何随着时间的推移发展的，并帮你熟悉跨媒体的报道方式。我们生活在一个相互关联的世界中，人们在做什么，以及他们如何生活在这个世界的某个地方，都会对其他生活在数千里以外的人们产生影响。如果不知道以前发生过什么，你也就不可能判断出一个事件或言论的重要性。如果不知道这个世界正在发生什么，你就不可能成为一名好记者。因此，密切关注新闻将有助于你发现它们的关联性，然后提出一些问题，从而制作编排出好新闻来。

随着给予新闻越来越多的关注，你会注意到有一些类型的新闻故事会反复出现，而另外一些则很少会报道。这证明有一些新闻完全能够被普遍认可，然而另外一些则可能为新闻报道所忽略。这个结果很大程度上取决于与新闻报道原则相关的四个因素：受众、媒介、市场竞争及编辑的判断。

在信息海洋里，如何让受众注意到你的报道？“让读者看见。令读者在乎。遵循这两条原则，你将造就出获奖记者。”这是美国学者卡罗尔·里奇教授在其《新闻写作与报道训练教程》导言开头的一句话。“让读者看见”，就是用文字、图片和视频再现场景，让读者、观众看见并体验报道中的行为。对于在线报道，可能需要综合使用图像、声音和文字报道。“令读者在乎”，就是要挖掘报道中“与受众的相关性”的元素，用扣人心弦的报道去触动读者的情感，令读者生气、悲伤、高兴或获得更多的信息。在信息时代，每时每刻都有一些新事件发生。你需要做的是承担“筛选者”角色，负责过滤全部的信息，然后找出对受众而言真正重要的信息。而受众已从过去的大众化需求转变成了某些专业领域的消费者。那种曾经是一家人坐在一起看同一个电视节目或看同一份报纸的时代逐渐远离，人们在今天开始寻找专攻某领域的媒体。

媒介的性质是影响新闻报道的重要因素。通过分析新闻发现，各种媒体报道的新闻会有较大差异，凡是那些覆盖了较多电视媒体的新闻在其他媒介中很少被提到，这是因为电视是一种看得见的媒体，这些被播出的电视片段能够提高故事的价值。同样，用强音或者原声能够提高广播的吸引力，而网络媒介对于多媒体的新闻故事而言堪称完美。显然，一名跨媒体的新闻记者要学会衡量所有的因素来决定如何将一个发生的故事表现出来。同一个故事可能被不同的媒介诠释得完全不同，就像一些报道可能只是陈述事实，而另一些报道则会表现得更有思想性、更具体。

在融合新闻报道中，其市场竞争力还取决于融合编辑对新闻价值的判断，而这种判断则依据一定的标准对新闻进行选择。按照新闻标准的逻辑，新闻选择的是那些对大多数人来说可以尽量获知本地公共环境情况的新近发生的议题和事件；如按照市场标准的逻辑，新闻选择的则是尽量吸引那些最广泛的受众的事件。

新闻价值作为一种客观标准，由多种要素构成。判断哪些是新闻，除了上述原则和标准外，还有一部分原因取决于一个事件是否在其他媒体中被报道了，或者是如何报道的。记者总是希望自己是第一个得到某个新闻的，或者是独家新闻报道。然而在很多的情况下，你都不可能是第一个播出新闻的人，特别是在全媒体时代报道独家新闻更难。当一个竞争者在播出时间上战胜你时，你就不得不确保你的新闻故事具有一些其他价值：更新一些信息，提供更多说明，或者提出不同的论点，总之是一些能令你的报道与别人不同的地方，最重要的事是为你的受众提供与别的任何媒体都不同的新闻。

（二）新闻价值要素

对新闻价值的判断，来源于新闻敏感及对新闻价值要素的掌握。当对受众有了一定的了解之后，你已经具备了评价一个事件或一个报道是否具有新闻价值的基础。随着时间的推移，这些步骤变成了融合记者的首要本能。从传统意义的新闻价值要素看，多数新闻故事主要包括下面所列举的新闻价值：

时新性：即时间上的及时性，内容上的新鲜性。距离报道发生的时间越近的事件，报道的价值则会更高。

接近性：包括利益上的接近、地理上的接近、心理上的接近，以及距离上的接近。如果两个新闻事件的其他价值相同，发生地离你的受众距离更近的那件事则具有更高的报道价值。

重要性：从政治上、事实与群众的关系上、事实与实际生活的关系三个方面判定重要性。

人情味：新闻议题和事件能激发多少感情？即强调人性化，认为凡带有强烈情感性内涵的故事都被称为是人性化的。有些故事会令受众感到快乐，有助于释放压力，化解消极新闻的影响；有一些则可能会令人感动得泪流满面。

显著性：新闻议题和事件中的人物有多出名？简单地说，知名度创造新闻。从地方政府官员到国际体育明星和赛事，甚至是知名人士的一些琐碎的行为，人们都可能给予强烈的关注。

反常性：议题和事件发生的不可能性和令人惊讶的程度如何？

冲突性：在个人、组织、国家之间，或者人类和环境之间有多少分歧与破坏？从某种意义上说，每篇新闻报道都是在练习讲故事。大部分有趣的故事都依赖于各种各样的冲突：人类与大自然，与其他人，与自己，与疾病，与某种体制作战，等等。

视觉冲击力：电视画面的吸引力。电视拥有视觉上的技术优势，它通过选择视觉上富有吸引力的事件来体现。

娱乐性：新闻议程和事件能产生多少直接的满足？一项有关新闻“使用与满足”的综合研究表明，人们基于两个原因消费新闻：第一，知识上的需求；第二，感情上的需求，即以娱乐的态度看新闻。消费行为包括大量“逃避式”的使用，“刺激式”的使用及“抵抗社会隔绝式的使用”。

以上新闻价值要素长期以来成为传统媒体的共识，尽管各国媒体在实践中会有差异，但在新闻标准和市场标准双重逻辑作用下，逐渐趋于一致。而在融合新闻时代，则又产生了一些独特的新闻价值要素。

循环性：新闻是最古老的可以多次利用的资料之一。今天流行的话题将会慢慢淡去，但是在几个月或几年后将会再次出现。因此，从相对意义上说，新媒体语境中的新闻，对不同人群和不同时期的受众都可能是“新”闻。

关联性：第一是与媒体的关联，各种媒介在融合新闻报道环节中形成新闻流，从简要消息到深度报道，从网络媒体、电子媒体到纸媒，全媒体关联报道。第二是与个人的关联度增强，人们往往对与自己有相同的特点，或是有相同的宗教信仰、国籍、种族等的人更感兴趣，这在新媒体环境下更易实现。

判断什么是新闻是一个复杂的过程，这要依赖于记者时刻保持工作状态，有浓厚的兴趣，广泛易获的信息渠道。虽然记者要不断地调查了解受众对什么感兴趣，但是好记者也时刻准备着将受众引导到不同的方向上去。同时，他们能够抵挡住内外的压力，从而打消自己在强大的利益驱使下作出的某些新闻判断的念头，能真正做到这些，才能成长为优秀的记者。

二、融合新闻的信息采集

美国学者约翰·V. 帕夫利克在谈到新媒介的影响时曾说，新媒介将改变新闻和大众传播的教学和科研，改变新闻工作的方式。作为融合了新媒介的融媒体新闻报道，除了传统的新闻采访方式（这是新闻采写报道的基础，已有成熟的理论与教程，故在此略去）外，还要适应在融合媒体内资源共享情况下的信息采集，以及学会利用新兴媒体平台收集信息的能力，这是本节的着力点。

（一）信息搜索

1. 利用互联网寻找新闻选题

随着数字媒介技术的发展，新闻信息的来源也在扩展。起初，你可能从部分单位和朋友那里获得大部分的二手信息，但随着时间的推移，“媒介即信息”的概念逐步被验证，你将转向通过因特网、广播、电视、杂志及报纸等途径采集信息。除了传统的资源，你获得信息的技巧也在发展，如：利用搜索引擎去获得网上的世界各地的消息。在新媒介环境下，融合新闻报道怎样发现新闻？新闻工作者怎样发现好的新闻来源？这将是我们讨论的问题。

以谷歌（Google）为例，从 20 世纪 90 年代创立后的短短几年时间里，谷歌改变了世界各国新闻人搜索信息的方式，已成为引领互联网上搜索的路径。现在，谷歌已经成为一个有含义的动词：“上网搜索”。

谷歌不是第一个，更不是唯一一个在同时代登场的搜索引擎，这些搜索引擎和其他相关网页的链接被用来采集最有价值的信息。在传统媒体中，相比广播和电视等视听媒体，纸质媒体不受声画符号的限制，因此，纸媒记者可以从网络上寻找更多富有新闻价值的事件，然后进行编辑和整合，提炼观点，尤其是都市类报纸更适合运用这种方法。

融合新闻的形成打破了传统意义上记者寻找选题的方式，除了来源于权威部门的发布外，还来源于“盲聊”“扫大街”，来源于群众报料，来源于对已有社会热点新闻的追踪等。为了在融合新闻时代取得成功，记者需要掌握传统报道技巧之外的新技术，包括收集信息的新方式，如：搜索在线数据库、搜索互联网、通过博客和微博进行采访与报道，等等。

在这个互联网高度普及的时代，可供搜索的资源浩如烟海，记者已经习惯每天使用互联网搜索资源。但是，作为一名专业工作者，其与一般网民的搜索不同的是，能以新闻专业主义的眼光判断、筛选具有新闻价值的信息。

2. 利用博客寻找新闻选题

对记者来说，博客已经成为一种越来越重要的资源。最近的调查显示，有25% ～ 50% 的记者经常用博客作调查。博客在涉及技术方面对记者特别重要，“有很多优秀的博客，并且我们中有很多人从这里找到有趣的信息”。一般来说，记者利用博客至少可以得到以下三种帮助：

（1）找到新闻点。博客有时候发布的消息中，经常有一些爆炸性的信息，记者可以利用这些信息为自己的文章作一些更深入的调查。

（2）了解人们对于该事件的想法。博客为人们对于有争论的问题提供一个发表意见平台，博客允许记者了解公众的意向，不论是赞成或反对都能在公共舆论中占有一席之地。

（3）警示记者可能遗漏的新闻点。通过订阅一个焦点博客，一个记者能够经常捕捉到自己可能遗漏的新闻点。

3. 利用数据库寻找新闻选题

在有充足时间的前提下，记者经常可以在政府机构的数据库里找到新闻思路。这些数据覆盖了各种各样的主题，包含了政务信息、社会服务信息、自然灾害信息、社会治安信息、交通事故、社会医保等，涵盖社会生活的方方面面。

一般来说，互联网时代的新闻是以问题而不是数据作为开头的。一般是问题先行，后有数据的。

计算机辅助报告并不用花很多的时间，但是它可为记者提供必要的故事来吸引受众。这种能提供有效信息的网站可以分为两个部分，一是以百度、谷歌为代表的搜索引擎；二是政府、企业、协会等创办的门户网站。

网站由不同的实体创办，知道是谁或者什么组织创办的网站将有助于决定该网站是否能够帮助你找到所需要的特定信息。下面是一些有用的网站资源：

（1）政府网站

如今大部分的政府机构都建立了网络平台，这其中就包含了能够使记者查询的信息搜索模板。

而政府网站群的建立，也加强了记者信息查找的方便程度。网站群是由统一规划建设的若干个能够相互共享信息、按照一定的隶属关系组织在一起，既可以统一管理，也可以独立管理自成体系的网站集合。政府网站群的发展从最初的第一代到如今的第五代，突破了传统内容管理产品只能建设信息发布型网站的局限性，在解决了传统的网站采编发管理、站群管理的基础上，提供了丰富的个性化在线服务构建功能与公众交互功能，完整地满足了政府门户网站中信息发布、在线服务与政民互动的要求，也方便了记者对新闻信息源的查找。

（2）企业网站

成千上万的公司，从巨型跨国公司到小型专卖店，都利用网络宣传或销售他们的产品、宣扬该企业的文化价值等。

尽管搜索引擎能提供有用的信息，但通过不同的路径，记者可以用更少的时间找到更多有用的信息。比如，当本田公布他们的第一款氢动力轿车时，很多记者去谷歌上搜索信息。当输入“本田氢”关键词时，有 120 万条结果，尽管这些结果包含了所有关于这个交通工具的信息，但是也包含了很多广告和不准确的信息。更直接的方法就是不要通过谷歌而是通过本田的官方网站，不用更多的点击，你就能搜索到关于这个交通工具大量的专门的信息。对于基本的信息，没有谁会比制造者本身提供得更加权威了。

（3）协会

所有组织和利益集团都创办了网站以宣传他们的事业，传递他们就各种主题所采取的特定立场的信息。

（二）信息评估

前面曾引用过伟大的思想家爱德华 1999 年的预言，下个十年将有一种涉及过滤信息的全新职业出现，即整理者、摘要者、调查者。这样，有些记者的基本职责会从信息收集过渡到信息加工，会花更多时间在编辑和集合这些消息上。面对网络资讯的海洋，如何利用主持人和编辑人员的专业知识及敏锐眼光，为报道进行资讯的筛选和梳理，让观众通过一个节目知晓当天天下大事，掌握最流行的网络词汇和话题，这成为融合新闻记者编辑的基本职能。

然而，融合新闻的报道主要强调的是在不同媒介平台上以不同方式进行新闻报道。对于传统主流媒体报道而言，这种信息利用方式是一个全新的尝试，首要的问题是对信息的真伪进行甄别，这关系到新闻的真实性和媒体的公信力。

1. 信息来源考查

记者应以职业眼光观察社会，从常人司空见惯的现象中嗅出新闻价值所在。要善于对事物多问几个为什么？要以报道真相为记者的基本职责，善于从问题中发现，从变异中发现。特别是当网络事件真假难辨时，编辑要特别留意新闻的真实度和准确度。个别事件要等它发酵一段时间之后，网友有了一些反应，官方有一些说法、一些辟谣和甄选过程之后，再把这个事件的整体报道出来，对一些流行的话题也要持续关注。

网络事件真假难辨，如何对海量信息进行评估？通过对信息来源的考查，可在一定程度上起到事半功倍的效果。因此，在评估利用网络寻找到的信息时，有几点需要考虑：

谁发布了这些消息，他的证据是什么（消息来源是否可靠）？

这个消息的目的是什么？是为了告知信息还是为了说服？

消息基本忠于事实还是有明显的偏见？

这个消息是否新？最近有没有新的更新或已过时的？

利用网络寻找到的信息并不是所有的都有效，媒体记者需要评估这些信息的价值，在评估时可通过标题检索，帮助你获得一个更加全面的理解，为你筛选关键的信息，帮你准备可在采访中被用到的最初收集的问题信息。

在处理互联网上的搜索结果时，记者要合理引用来源，特别注意自己没有剽窃他人的成果。如果因为无意中复制了别人的语言在自己的报道中而没有注明来源，就容易陷入剽窃的陷阱中，得不偿失。

记者的报道并不需要像专业论文一样，对材料来源作正式的注释，但是在整篇报道中必须包含材料的来源，哪怕只是在解释它们。如果记者引用网上的消息，并且自己的作品也将在网上发表，就应该在消息来源上加上链接。但是，有一种信息是不能再次使用的，就是引证材料。

2. 信息真实甄别

在网上，不是所有的信息都可被报道传播，需要评估这些信息的价值。与此同时，在评估搜索结果时，还应将网站本身的特点纳入考核标准。宾夕法尼亚州怀德纳大学沃尔夫格莱姆纪念图书馆提出了核查网站时应考虑的一些指导原则，如果对这些问题的回答更多的是“是”，那么消息来源就相对可靠。

标准一：权威性

● 哪个组织创办的网页？

● 该组织有无电话号码或邮政地址可以进行联系？

● 有无声明该网页的内容获得该组织的正式认可？

● 有无声明指定该组织为版权所有者？

标准二：准确性

● 是否清楚地列出了事实信息的消息来源，以便在另一个消息来源处能得到证实？

● 信息有无拼写错误和逻辑错误？

标准三：客观性

● 该组织是否清晰地陈述了其思想倾向？

● 如果网页上有广告，广告内容是否与信息内容完全无关？

标准四：现时性

● 网页上是否有日期表明网页撰写的时间？第一次放在网上，以及最后一次更新是什么时候？

● 是否有其他标志表明材料是现时的？

标准五：覆盖范围

● 是否清楚该网页讨论的主题是什么？

● 有无漏掉所讨论主题的内容？

● 是否清晰、明了、完整地表述了自身观点？

以上讨论内容是基于计算机如何辅助报道，但无论是用何种形式，就像电话不能取代记者在采访中提出精彩的问题一样，互联网也不能取代记者进行传统的报道技术和本领，大部分的信息采集还是通过传统手段获得的，与采访对象面对面交谈、深入基层与干群打成一片寻找亮点、对文件透彻研究等。而新闻报道中真实性、显著性等原则也是必须遵守的教条。

（三）信息采访

1. 采访类型

根据报道题（体）材的不同，或采访时间的长短与形式差别，信息采访有不同的分类。

新闻采访。这类采访的目的是得到对于新闻事件的及时反映或者增加一些相关的事实信息。如：当报道一个关于吸烟与死于心脏病或肺癌的风险升高之间关系时，记者就应向这个研究者寻求解释性意见，并了解其他研究者及公共医学专家对此的反映。

这种类型的采访常常与新闻事件的发生密切相关，而且在一两分钟之内只能提两三个问题。

深度采访。这类采访常常源于重要新闻事件，需要弄清事件的前因后果、来龙去脉，因此，这种采访的周期要比新闻采访长很多，并能够为挖掘相关的话题创造更多机会。如：近年来我国多地常出现雾霾笼罩，深度采访就要了解 PM2.5 的危害、雾霾天气对人们生活的影响、专家解读雾霾天气形成原因等。

人物采访。这类采访往往聚焦某个人。当这个人——无论是政治家、艺人、运动员、发明家，还是新闻人——出现在电视荧幕上时，观众都希望了解更多关于他或她的信息。因此，采访前应作好充分准备，掌握被采访者的情况。人物访谈可能会持续一个小时到几天甚至更长时间。这样的采访为记者提供了全方位了解采访对象的机会，采访中收集的信息将主要应用在人物报道中。

2. 采访准备

根据采访的具体情况及采访之前的准备时间，记者的准备工作可能会极不相同。如果是为一场突如其来的龙卷风报道作准备，你不可能在采访市长之前奢侈地用几天时间来研究龙卷风。不过，一个在几周之前就计划好的传记采访则可以允许你用充足的时间来作准备。在采访前可通过以下途径作准备：

利用参考资料、政府文件等各种资源来收集基本的背景信息。如果报道主题对于记者来说是完全陌生的，而且时间有限，你可以从相关的一些资料中尽量选择直接有用的信息。如：报道的主题是关于葡萄园种植及后期加工产业开发的事，而如果不知道任何酿酒的信息，你可能就会想到读一本相关的书籍。

阅读访谈内容。采访工作是为受众发现新的信息。因此，采访前你对采访对象的言论及写他（她）的文章知道得越多，采访中问出的独创性问题并挖出独家信息的机会就越大。即使这个过程仅仅是浏览了一两篇近期的新闻报道——你也应该列出一系列所有能想到的问题。这些问题必须严格围绕着一个清晰的主题。

采访提问清单中应包括闭合式问题和开放性的问题。前者是为了得到一个简洁、明确的答案，一般就是指“是”或“不是”。这样的问题对获得或证实确凿信息很有效。开放性问题是为了获取较长的，可能不太明确的答案。当你试图收集一些深入的信息，或者了解某人对一个话题或新闻事件的看法时，这种提问方式会比较恰当。

在任何情况下，一定要确保问题是简洁明了的。另外，还要确保问题让人容易回答。假如你正在采访一个有着 25 年工龄的人，千万别问：“你工作生涯中令你记忆最深刻的是什么？”因为这个问题需要搜寻四分之一世纪的记忆，然后再衡量它们孰轻孰重。你可以换这个问题：“你在工作中一定遇见过很多有意思的人，记忆最深刻的都有谁？”列完问题清单之后，你应该把问题按照重要性排序。大多数人对于采访时间有严格的限制，不可能回答你所有的问题。你一定不希望他们在你问到最重要的问题之前就离开。即使你的采访没有被限定时间，也可能会突然发生一些事情打断这个采访，所以一定要从最闪光的问题开始发问。

结束一次采访的最好的方式是换个问法：“还有其他什么信息是我应该知道的吗？”常常会有你没有想到的其他具体的或深入的信息令你感到惊喜。另外，这类问题能帮你发掘更多写文章的思路。

3. 采访模式

大部分记者都认为，面对面的采访是收集信息的最好方式。但采访时间和日程安排不可能总是允许面对面访问。当你不能与采访对象进行私人会面时，就不得不选择通过打电话、发邮件或者短信采访。

面对面采访。与某个人进行单独谈话是相互沟通最直接最详尽的方式。在面对面采访中记者的采访记录方式各不相同。有的记者喜欢把采访记录写在本子上或是手提电脑上。用这种方法要着重记录三点：主要观点、形象贴切的引用、明确的事实（核实过拼写方式的名字、时间、地点等）。采访结束后，应尽快打开电脑整理采访记录。如果整理及时，你会惊讶地发现很多你还记得的信息没有写下来。如果你把记录放到差不多忘了时再整理，会发现自己几乎什么都不知道了。

另一种记录方式，就是用录音机（笔）记录。这种方法能帮你真实可靠地记录下采访对象所说的每一句话。万一引用的内容或事实出现任何问题，这份原始记录能够帮助你复原核实。但依赖录音机记录也有不利之处，如：采访对象可能由于被录音而在语言表达上注意更多修饰。此外，背景噪声的干扰、磁带或存储卡的限制、电池的报警等，都会有所影响。即使一切都进展顺利，每次你想确定一个事实或引用的内容时都不得不把整段录音重新过一遍。为了排除这个问题，有些记者同时采用录音机和记笔记的方式，在采访中准确地记下时间、内容标记。

对于一次成功的访问而言，最重要的是要记住你是一个倾听者，采访时把你的看法和意见保留一分钟。当谈话中出现停顿时不要急于往下进行，相反，花点儿时间思考和反应一下你获得的资源，可能会因此得到最好的材料。如果采访对象说了一些你不太理解的话，千万别犹豫，一定要请他（她）重复一遍或者为你解释一下。最后，你要为你的稿件负责，假如受众不能从中得到信息，他们只会责怪你，而不是你获得的资源。

电话采访。如果时间和空间都不允许进行面对面采访，电话采访就成为最好的选择了。在电话里，你能听到采访对象的声音，感觉到他或她心情好不好，然后适当调整你说话的语气。不过电话采访可能会出现逻辑问题。如果你记笔记，写的时候可能会出现长时间沉默的情况。这种停顿在面谈中可能是小问题，因为采访对象能看到你在写字，但是在电话里出现这种情况可能就很严重了。

还有一个办法是用一种比较便宜的编辑器直接把电话采访的内容导入录音机里，或者使用某种可以把通话内容导入电脑的软件，在电脑里编辑会容易很多。但你需要确定你没有违背关于电话录音的法律规定。

发邮件采访。发邮件采访比面对面采访更方便，也是比传统采访方式更有利用价值的一种方法。它给外地的采访对象提供整理完善他们答案的机会；有更多思考和反应的时间；有些采访对象不喜欢在电话里谈话，或者干脆不想告诉别人他的电话号码，尤其是有些社会活动较多的人；可能有助于获取丰富的采访资料，节省打电话或免去路途采访耗费的时间；能够提供谈话的记录。

发邮件采访的不利之处在于，互动及获得意外信息的机会可能会失掉很多；有些时间很紧张的采访对象可能只会粗略地回答问题，即只把面谈中丰富的谈话内容截取一部分回答而已；商界主管、政治家或其他有很多受访经验的人很可能回答得很程式化，或者回避问题；发邮件采访缺少面谈时的坦白和自然流露。

如果你决定把邮件作为一次采访的最佳选择，就要注意遵照下面的规范来写邮件：明确你的姓名和工作单位，特别注意不要用网名昵称；写下你的电话号码，并约定一次电话采访——如果你的采访对象认为可以的话，告诉他预估的采访时长，以及你要问的问题数目；告诉他你需要在多长时间内得到这些信息。如果你不这么做，即使你的截稿时间非常紧张，这封邮件也可能被闲置在一边；请采访对象确认一下他的名字和头衔，并询问他的联系电话。

发送短信采访。随着短信在社会被广泛应用，它已经不可避免地成为另一种新闻采访工具。虽然它还达不到邮件采访的深度，却为确认事实、收集信息和观点提供了一条极为迅捷的方法。不过，由于发短信是一种非正式的方式，如果你打算发表采访对象短信中的任何内容，一定要让他知道，这点很重要。

发现新闻线索和做背景调查，还有很多可选择的途径，如：在线搜索、博客、新闻发布会、外地新闻事件、旧稿件及网络数据等都能激发灵感，帮你想出令人感兴趣的新闻和有特点的故事。而进一步的采访，能够帮你展开初步调研，并为各种故事提供原材料。

第四节　融合新闻的传统媒体转型

媒介融合正在快速推进，它所引发的不再是传统与网络之间两种媒体的简单结合，而是发生在传媒、通信和IT产业间的深刻的产业变革。从报纸媒介的角度来看，这种从信息内容到传播途径的数字化使报纸原有的传播途径、内容生产方式等受到了极大的挑战。报业数字化的未来必定将在媒介融合这一整体框架之下发展演变。从产业发展的角度来看，内容生产商、软件开发商、渠道运营商等将是未来传媒产业链的主要构成部分。

在此种背景之下，报业如何寻找自己的角色、位置？如何寻求生存和发展的途径？我们认为，报业数字化可以从内容、平台和渠道三个方面入手，转型成基于网络的信息供应商。

一、全媒体的内容生产

报业具有生产、开发、包装和销售能力，其核心竞争力就在于凝聚了才智的集约化信息生产能力，以及长期积累的权威性和公信力。这是传统报媒面对媒介融合和产业变革时所应始终保持的优势，也是报业集团转型为信息供应商的基础。基于内容生产商和供应商的定位，传统报业需要向内容数据库转变，以内容产业为根本，凸显传统报媒内容资源的强势地位。

媒介融合内容生产与内容集成在同一个融合平台上共存，因而内容生产有两个取向：独家的原创内容和将已有的内容重新“切碎、打包、包装”的集成内容。全媒体的内容生产并不仅仅停留于运用多种媒体采访、收集信息的内容生产层面，还包括在采集环节信息提供和后期处理时呈现出的多种媒体融合的“全”。

（一）多渠道的信息搜集

采编业务是报业核心竞争力之所在。报业一方面应当积极应用UGC，利用专业编辑队伍对内容进行过滤：另一方面则应当对内容进行统一管理和整合，以适应不同平台的需要。

目前信息搜集机制已发展出以下几种方式：

一是利用微博、博客用户提供的新闻资讯。微博已成为广大网民发布和获取新闻信息的重要渠道，从某种意义上而言，微博不仅是社交媒体，更是新型的信息传播平台和内容生产平台。微博拥有庞大的用户群，这保证了无论是线索发现、采访资源和观点征集都可以通过微博实现。近年来，很多重大事件都是由微博用户首先曝出，然后再由传统媒体跟进，进行后续详细报道。此外，传统媒体还可以“机构”或者“媒体个人”的身份开设微博，传播新闻资讯，充当报纸、读者与网络受众的沟通桥梁。

二是开发论坛服务，对论坛内容进行二次加工。论坛服务作为网站社区服务的标准配置由来已久，至今论坛模式已发展较为成熟，如：人民网的强国论坛已成为用户发表意见、讨论信息和资讯的重要社区，是具有代表性的用户生产内容站点。

三是开通公民投稿系统，发动公民记者，建立由用户直接提交新闻文本、新闻图片、新闻视频、音频材料的投稿渠道。

四是积极运用新技术，在媒介集团内部建立资源共享平台，包括采编系统、图片系统、视频系统等子系统，即时共享稿件、图片等。对来自多渠道、多格式的新闻信息内容，实现多通道、跨地域的同步生产。

（二）多主体的内容生产

信息承载能力的无限增长会引发报媒从信息采集、信息处理等多个环节的革新。多主体型的内容生产是指针对不同的媒体平台，有选择地采用不同的信息加工标准、加工方式、信息处理手段和信息表现形式。

在媒介融合的背景之下，融合的理念需要新闻报道呈现出个性化的特征，针对不同的媒介平台提供不同的报道文体。不管融合的方式如何，内容的原创性和独家的信息加工标准、加工方式和信息处理手段远比独家新闻重要，依靠内容的深加工才能真正赢得竞争对手。在融合的理念之下，新闻报道的作品需要具备独特的风格和独特的视角，针对不同的平台和对象来生产相应的文本内容。在这方面，坦帕新闻中心具有代表性。

（三）多介质的视频制作

报业数字化转型的核心并不只是简单的由报纸到网络的介质变化，更多体现的是内容整合之下出现的新品类。报纸网络视频的出现突破了电视台节目播出时间和空间的硬性限制，打破了传统报媒和电视的行业边界。

常见的网络视频报道内容主要分为三类：一是新闻性较强的视频报道产品，以每天实时滚动的形式播发，其来源包括其他电视台视频及自产视频；二是专题性视频报道产品，以固定的栏目形式定期或不定期播发，来源多为报媒自制；三是综合性视频报道产品，包括新闻类、专题类产品的集成及与新闻相关的资料性视频产品，来源广泛。从目前各报纸网站的现状来看，报纸网站大面积地利用网络视频来丰富报道内容，吸引更多受众。国内外报业集团自办的网站上普遍设立了“视频”“播客”“直播”等频道，借助数码摄像技术、非线性编辑技术和流媒体播放技术，在网站上“看电视”。

二、多层次的资源共享

报业数字化的实质是指在拥有报业核心能力的基础之上构建多重介质的传媒产业。在互联网引发的新媒介生态环境之下，传统报业的新闻生产流程、新闻制作模式、分销模式、收费模式、与受众的沟通方法等多个层面已被深刻地影响和改变。面对报业危机，“如何开展互联网业务”这类思考仅仅涉及了浅层次的操作性问题。目前，通过手机报、数字报或者建立报业网站来拓展报纸的功能，并不一定是最适合报业的传播模式。报业生存模式的转型需要在更本质的层面展开。在技术创新和市场整合的背景之下，形成以报媒为核心，多元媒体聚合于同一平台的“多媒体生态系”是多媒体扩张的重要方式。

（一）数据库资源共享

从报业数字化转型的实践中不难看出，仅仅将传统报媒的内容加以复制是无法达到预期目标的。目前，报纸网站的发展已经取得了很大的进步，简单复制报媒内容的现象逐渐减少，但是报纸网站仍未能建立起专业化、差异化的数据库，也就是说，报纸网站在信息方面并不能给予具有不可替代性的服务，从报纸网站上能够了解到的信息从其他网站上也能够了解到。因此，对于报纸网站而言，必须向数据库平台转变，通过构建数据库消费平台来寻求信息内容的价值增值。

一是建立专业化数据库，实现特定信息的二次消费。纸媒的第一次消费是借由发行带来的收入实现对报业生产的资源补偿。通过建立数据库，可以将传统纸媒所承载的一些专业性信息进行分类和检索，针对不同读者群体的需要，对专业化数据库的信息内容进行打包有偿销售。一部分报业集团可以向专业化的信息提供商转型，提供如财经、教育等方面的信息，以差异定位获得生存发展空间，实现特定信息的二次销售。

二是以读者数据库完成信息的整合与推送。通过报纸网络建立的读者数据库将成为重要的资源，帮助报媒完成信息的重新整合和推送。因为通过读者数据库，报纸可以精确把握每一位读者对信息需求的特点，从而有针对性地给读者提供个性化、定制化的服务，达到精准化营销的目的。在这种整合之下，报纸网络能够为广告主提供的资源也更有价值，广告信息的推送也将变得更为精确。新闻信息与相关广告信息的捆绑销售将会极大地增加广告的效果。

三是通过网络数据库平台提供信息服务的增值。从受众的角度而言，信息容量不断增加，信息泛滥的局面也日益扩大。数据库凭借对信息的海量存储能够充分满足受众对信息的需求，也会提供给读者经过筛选过后的精选信息。对受众而言，这种信息量的增值既满足了对信息的渴望，也不会陷入信息过剩的局面。

（二）互动性资源共享

互动性是 Web 2.0 时代的重要表现。在媒介融合的背景之下，技术的发展为媒介提供了更多双向互动的传播手段。在网站的互动性功能方面，Ghose 和 Dou 根据其观察的 101 家企业网站，参照过去相关的文献，提出五大类 23 项网站互动性功能，这五大类包括：顾客支援、营销研究、个人化选择服务、广告 / 展示 / 宣传和娱乐。研究发现，互动性和网站的吸引力与评价之间具有正向的显著关系。对报业网站而言，互动性既体现在记者编辑与新闻信息消费者之间，也体现在新闻聚合社区的受众内部。随着社交媒体的发展，互动性也体现在作为单个内容生产商的报纸媒体与受众的互动。目前，常见的记者编辑与新闻信息消费者的互动包括如下三种：

（1）为受众提供网站编辑的联系方式。

（2）提供新闻信息生产者的联系方式特别是数字化的联络渠道，如 E-mail。

（3）记者和读者能够就新闻报道进行讨论和交流。

受众内部互动机制包括：

（1）提供新闻信息的分享功能，提供社交网站一键分享按钮，或直接通过 E-mail 转寄和即时通信工具转发新闻资讯。

（2）用户能够将新闻直接提交给用户新闻社区。

（3）用户能够对新闻及评论进行打分和评级，并提供点击阅读量最多、评论最多和用户评分最高的新闻排行。

（4）为注册用户提供个人主页，可以进入其他个人主页获取新闻资讯的信息。平台外部互动则更为直接，目前主要表现为开设社交媒体，如：新浪微博、腾讯微博账户，与受众直接交流。在这方面做得比较好的是《新周刊》，以微博账号发表意见，与受众互动。

（三）区域性资源共享

在我国，报业市场一直存在着以行政区划为特征的报业市场屏障。互联网的问世和快速发展突破了传统报业本身固有的形态壁垒和行政管辖边界的割裂。在商业领域，企业战略联盟是合作竞争的最主要形式之一，能够实现联盟成员之间的优势互补和资源共享。不论媒介采取何种融合策略，其根本都是通过资源共享和节省成本的方式来提升媒介的竞争力。传媒集团能够通过资本、技术等形式的合作来打破行政壁垒，实现融合。从这个角度考虑，加强报纸与区域性媒体互动，形成区域媒体联动乃至最终融合是未来报业数字化的可能路径。

对于报业网站而言，网络新闻资讯市场的最大竞争者是门户型和资讯性的商业新闻网站，它们汇集了大量人气，有极高的点击率，但是并不具备受众最关心的时政新闻采访权，新闻内容的核心竞争力难以形成，同时，网络媒体的公信力和权威性始终与传统媒体存在差距。而传统报业新闻网站在面对商业网站的强大用户黏度和搜索引擎技术时，原创性价值和采编网络优势被极大地稀释，往往“为他人作嫁衣”。因此，笔者认为深层次的平台构建应该在传统报业集团的新闻网站和优势网络企业之间开展，立足于区域化信息，实现新闻信息的共建和共赢。在现实操作中，区域化的联盟方式也具备较强的可行性。

这种跨平台合作的具体方式主要有三种：一是在新闻内容市场的生产、编辑层面，报媒与网企合作加工，共同集成内容资源；二是在经营资源层面，结合两者的广告资源，优化组合提供更具竞争力的广告服务；三是品牌资源层面，立足区域市场，发展专业地区信息，联合开展线上线下的推广活动。传统媒体网站与优势网络企业的战略联盟也比较可行，如：房地产、广告、就业等信息具有很强的地域性。传媒着眼于具体区域市场的受众和用户生活习惯、信息需求，可以保证网络平台提供更加贴近、更有针对性的信息，以此实现媒介价值和受众市场的“深耕”，更好地开发受众商业价值。

三、多媒体的信息传播

渠道对于报业的价值和意义是极为重要的。报纸新闻网站、电子商务、手机报、数字家庭服务平台、社区网站、可视化搜索、电子阅读器、LED 项目……无数的新渠道与新的盈利模式涌现出来，均是孕育“融合新闻”的土壤。作为内容提供者的报业竞争者众多，特别是面临新兴渠道资源掌控者的强势把控，如手机报，受控于渠道运营商。在内容产业链下游，新浪、腾讯等门户网站整合了新闻用户端，进一步挤压了报业作为内容提供商的生存空间。在这种情形之下，报媒一方面要提高内容的竞争力；另一方面要寻找和开发自有渠道，将生成的内容资源平移到各种终端之上，充分凸显传播优势。

（一）依托移动终端拓展传播

目前，移动互联网发展势头迅猛，在5G网络日益完善和丰富的同时，容纳更高级的移动互联网宽带服务的LTE技术已应运而生，这加速了移动互联网从3G向5G的演进历程。移动互联网已经与第三方支付、在线视频一起成为互联网细分行业成长性最快的“三甲”。互联网原有的连接技术及智能移动终端计算等功能被进一步整合，移动互联网不仅将成为生活必需的交流互动工具和信息综合化平台，也将改变人们的生活方式和工作方式。从这个意义上而言，利用移动终端，拓展渠道将成为大众媒介十分重要的信息发散路径，未来报业数字化发展的重要领域就是依靠优势渠道，将内容传播出去。

报媒需要主动探索，积极寻找能够掌控的渠道，提高内容对于各种渠道的适用性。目前我国各大传统媒体纷纷推出了手机客户端和移动终端应用。

另外，发展独立自主的渠道，摆脱受制于人的窘境。杭州日报报业集团的19楼、济南日报报业集团的舜网，即脱离了传统报纸的运营模式，具有一定的独立性。而以社区网站模式发展壮大的南方报业传媒集团则另辟蹊径，致力于打造LED户外电子屏和电子阅报栏。总之，他们都是在利用传统媒体的资源优势，拓展传播渠道，有效延伸传播范围。在内容生产上，像做本地新闻那样经营网站，突出了本地化信息的服务性，发挥社区化优势。

此外，移动终端也为传统报媒拓展了赢利空间。在与互联网的竞争中，传媒公司略逊一筹，但移动设备的出现为传媒公司带来新的契机。传统的广告售卖要通过“二次销售”来实现，而未来的移动终端互动模式将成为广告销售的有力助推。在这种情况下可以进行多种尝试，如：借助点对点的新型互动方式了解民意、进行受众调查，帮助广告商寻找合适的目标受众；借助新媒体手段与媒体受众建立联系，通过线下活动将兴趣相近的人集合起来，以此来吸引相关产品的广告商；或者通过定制式新闻内容与广告商进行深度合作，进而精准营销，为传统传媒带来新的赢利模式。

（二）依托社交媒体拓展传播

近年来，网络新闻使用率一直在下降，这表明网民通过互联网获取新闻信息的渠道正在发生转移。固有的单一通道使得信息传播很难产生复合效应。传统媒体可以以“机构”或者“媒体个人”的身份开设微博，对外发布信息，建立起报纸、读者与网络受众沟通的全新桥梁。微博的利用可以让媒体自身机构采制的信息能够实现“多渠道、多通路”的传播，达到在现实情境下增强传播效果的作用。在这种情形之下，传统媒体借力微博，依托社交媒体拓展信息发布渠道，塑造品牌形象是可供操作的有效途径。

传统报媒与社交媒体的融合互动主要有两种形式：

一是在报媒网站上提供内容一键分享按钮。读者可以同步评论并将此文发布到微博等社交媒体上。这种设置既可以使传统报媒网站的新闻信息得到进一步扩散，也使受众能够将自身对新闻的意见、观点传播开来，进行反馈和讨论。

二是以报媒的独立身份开设微博账号，与读者实时互动。微博是一个免费且有效的推广平台，是主流媒体的标准营销配置，可以实现传统媒体与微博联合报道的模式。在电视报道的同时微博也进行播报，通过文字、图片、视频的多元符号表现，让媒体在突发事件现场报道中传递出更多有价值的信息，以更好地还原现场。

第五节　融合新闻的视听重构

一、广电融媒体的形态重构

多媒体技术和互联网的发展使得传统的传播方式和媒体格局发生了巨大的变化。传统视听媒体与互联网、手机等新兴媒体的融合，成为媒介融合在新闻实践领域的突出表现。

（一）广播融媒体新形态

广播融媒体新形态主要有网络广播、手机广播、数字广播及刚刚兴起的微电台等形式，这些新型广播形态都是在传统广播的基础上与各种新媒体进行融合，改变了传统广播的传授关系，是一种新的尝试和超越。

1. 网络广播

网络广播，又称网上广播或在线广播，主要是指以互联网为传播介质、提供音视频服务的广播媒介。网络广播是传统广播媒体与互联网融合的产物，也是网络传播多媒体形态的重要体现。

网络给传统媒体带来了革命性的变化，也给广播带来了前所未有的机遇和挑战，传统广播开始重新审视自己的地位，积极、主动地寻找与互联网的结合点，加快推进网络广播的开发。

（1）网络广播的实现方式

网络广播与传统广播最直接的不同点在于接收方式，传统广播通过收音机与受众实现交流与沟通，而网络广播则通过互联网等网络来进行传播。用户收听网络广播，首先要进入网络广播电台的门户网站，然后通过直播和点播两种方式进行收听。

网络广播的直播方式与传统广播类似，按照固定的节目时间表来播出音频节目，只是传播媒介由原来接收无线电波的普通收音机变为互联网链接终端，实质上是传统广播电台节目的网上播出形式，适用于重大事件的即时报道。

网络广播的点播方式是传统广播不可比拟的，它以一种“音频图书馆”的方式，对所有的音频播出节目进行收集和分类，形成庞大的资料库，用户通过查询便可以收听到自己喜欢的节目。

网络广播的点播方式打破了时间和空间的限制，弥补了传统广播稍纵即逝、难以保存的缺陷，使受众摆脱了时空的束缚，可以在任何时间和地点收听到精彩的节目。这种打破“线性传播”实时收听限制的点播方式在一定程度上使媒体资源更加“自由”，方便了受众，同时也提高了媒体资源的利用率。

（2）网络广播的传播优势

1）变“地域收听”为“全球收听”，扩展广播传播空间。网上广播不受传统广播覆盖范围和发射功率的影响，可以超越广阔的地理空间，甚至进行全球化传播，这就使得受众不论在世界的哪一个角落，只要打开网络就可以跨越地界国界随时收听。

2）变“按时收听”为“随时收听”，提高资源再利用率。声音本身具有不可逆性，网络广播的技术优势使得广播电台能够便捷地建立起自己的网上媒体库，将丰富的声音资源，如：实况音响、背景音响、文艺音响、历史音响等分类存储，不仅方便编辑、记者使用，同时也会吸引更多网民收听或下载使用。这样，广播听众将会快速增长，网络广播也将更具有市场竞争力。

3）变“被动收听”为“主动选择”，赋予受众信息选择权。传统广播的信源与信宿之间是“点对面”的信息传播模式，受众收听广播节目受到时间和内容的限制，属于“被动收听”。而网络广播则赋予受众更充分的信息选择权，受众想听什么、想什么时间听，都可以按照自己的意愿主动选择，传统广播媒体的大众化传播在网络传播中为个性化传播方式所代替。

4）变“单一互动”为“多重互动”，增强与受众间的互动。传统广播一般通过热线电话、现场活动与受众进行互动，这种互动受时间和环境的限制，很难让双方充分表达自己的思想感情，听众的交流参与面受限，属于单一性互动。而网络广播则可以通过电子邮箱、回帖、论坛、博客、语音甚至视频通话，让听众与主持人直接交流，这种多重性互动，使得媒体可以随时了解受众的想法、意见和建议，与此同时，这些互动环节还可以作为节目内容在媒体上呈现，丰富了节目内容。

2. 手机广播

所谓“手机广播”，是指以手机为终端设备，实现广播节目的实时、延时收听，同时，用户可以通过手机完善的语音通话、短信、彩信等功能，参与到广播节目中来。

（1）手机广播的实现方式

用手机收听电台的广播节目，目前主要有三种形式：

1）手机式收音机。即在手机上加装FM调频接收模块，也就是将现有的收音机加装在手机上，其实质是手机式收音机。这种形式在手机发展初期比较常见，还不能算真正的网络广播。

2）联网式收听。即借助互联网络实现直播和点播，随着GPRS、3G、WAP等无线通信技术和服务的发展和完善，依托于移动通信网络和互联网络，可以用手机上网实现实时收听或点播网络广播节目。这种形式是媒介融合的初级阶段，目前大部分智能手机都有该功能。

3）联动式收听。即借助广播网、互联网和通信网的三网融合，创建节目资源库，实现信息的联动式收听，并通过通信网络实现用户信息的回传，从而实现手机用户收听广播节目。这种形式是较为高级的媒介融合形式，是二网融合的产物。

（2）手机广播的媒介特性

手机广播作为手机媒体的一种形式，将广播媒体与手机媒体的功能有机结合，表现出与众不同的媒介特性。主要体现在以下三个方面：

1）跨媒体的信息共享。技术的发展推动手机由一种通信终端转变为一种信息终端，从而使信息的跨媒体互享成为可能。手机的这种信息互享表现为多媒体性、可检索性和开放性三个方面。

多媒体性。手机技术与网络技术融合后，不仅可以充分发挥手机自身语音传输的能力，同时也实现了集文字、图片、声音、视频于一体的多媒体传输。目前，5G手机对用户最大的吸引力就在多样化的内容，由于拥有足够带宽，5G能够实现手机在线听广播、音频点播等功能。

可检索性。互联网及通信网的技术优势使得广播电台建立自己的专业资源库成为可能，资源库的建立为听众搜寻、检索广播节目资源提供了必要的条件，同时，也为其他媒体共享广播信息资源，特别是音频资源创造了条件。

开放性。除了使用手机发短信、打热线电话等方式参与手机广播节目外，受众在收听手机广播后，还可以上网查询更详尽的信息，甚至可以点播回放，然后再把信息反馈到电台，形成直播节目。手机广播实现了双向甚至多向的跨媒体信息交流，其信息具有开放性。

2）多向性的互动方式。手机广播相对传统媒体，具有多向互动的传播优势。一是与传统媒体的互动。手机广播可以和广播、电视、报刊实现互动，如：用短信或者热线电话参与节目，和主持人或者受众讨论相关话题，发送下载音频、图片资料给传统媒体。二是与广播网站的互动。受众可以用手机广播在线收听、点播节目，也可以发电子邮件或者进入聊天室、BBS、网上调查等参与电台的节目讨论。三是与受众的互动。手机广播最大的优势就是可以利用手机直接通话交流，连接不同媒体的受众群，促使不同媒体之间的受众进行多向的沟通和交流，实现更广泛、更迅速的互动。

3）个性化的传播特点。手机广播深层次地挖掘出了手机媒体的社会价值和传播价值，充分体现出了个性化的传播特点。

手机广播实现了媒体的个人化。手机精巧、轻便，便于随身携带，人们可以随时随地收听广播，它使大众传媒与个性化传播实现了完美的结合，是一种个人媒体，达到了点对点的传播效果。

手机广播体现了接收的主动性。受众利用手机上网，收听自己喜欢的节目，也可以按照自己的意愿随时点播节目。随着通信网络覆盖率的提高和无线通信技术的发展，手机广播将使受众在全球范围内收听自如。

手机广播表现了内容的指向性。专业资源库的建立和互联网的接入，使手机广播在节目内容上更加具有指向性和针对性，受众信息的及时反馈，促使手机广播能更好地针对个人进行定向播出，广播电台可以根据受众多元化和多样性的需要编制各类节目，从而成为手机广播的内容供应商。

3. 数字广播

所谓“数字广播”，是指将数字化了的音视频信号及各种数据信号，在数字状态下进行各种编码、调制、传递等处理。它通过地面发射站，以发射数字信号来达到广播及数据资讯传输的目的。从世界范围来看，数字广播已经进入了多媒体广播的时代，目前国际上几种发展较为成熟的数字广播分别是：数字声音广播（DAB）、数字多媒体广播（DMB）、数字卫星声音广播（DSB）、数字调幅声音广播（DRB）。

数字声音广播（DAB），是以数字技术为基础，采用先进的音频数字编码、数据压缩、纠错编码及数字调制技术，对广播信号进行系列数字化的广播。它提供CD级的立体声音质量，信号几乎零失真，特别适合播出“古典音乐”“交响音乐”等，受到音乐爱好者的大力追捧。

数字多媒体广播（DMB），是在数字声音广播DAB的基础上发展起来的面向未来的新一代广播系统。它不再是单纯的声音广播，还可以同时传送多套节目、数据业务和活动图像节目的广播。1999年，我国广东完成了从DAB向DMB的技术过渡，2003年，佛山的公交车上安装了首台数字多媒体广播接收机。

数字卫星声音广播（DSB），指用卫星来传送DAB数字声音广播。这套系统由亚洲之星、美洲之星和非洲之星三颗地球同步卫星、广播上行站、数字接收机及地面控制运营网组成。它向全球直接播放数字音频广播，覆盖面已经超过120个国家。

数字调幅声音广播（DRM），始于20世纪20年代，其工作频段为150 kHz～300 mHz。因此，调幅广播又称为300 mHz以下的广播方式。2003年11月，我国广东省广播电视技术中心与美国哈里斯公司共同进行了DRM数字中波广播首次实验，并获得成功。

4. 微电台

广播融媒体中，微电台的出现是近年来的一大亮点，这种传统广播与微博之间的融合弥补了电台的诸多劣势，成为广播融媒体中的佼佼者。

所谓微电台，是传统广播与互联网、微博结合的产物，它是一个集合全国多家广播电台于一体的媒介，是全新的广播传播平台。听众可以直接进入微电台的页面进行收听，网友或微博用户也可以在上网聊天、浏览时收听自己喜欢的电台，并与主持人和网友进行实时微博互动。

微电台是广播与微博的结合体，也是一种全新的媒体形式，它突破了传统广播的局限。

（1）打破了广播的地域局限。

传统广播电台往往是各自为政，各大电台之间交流较少，而“微电台”的口号是“这里总有你喜欢的声音，让戴上耳机的你不再寂寞！”它首次实现将全国27个省市的广播进行直播流统一播出，能够保证近300家电台的稳定播出，这是新媒体发展的又一重要突破。借助微电台，听众可以在播放列表中选择某一时间段中全国各地任一落户微电台的频率收听节目，而不是仅限于自己所在城市的频率，这就打破了广播的地域局限。

（2）打破了广播的终端限制。

传统广播的接收终端为各类形态的收音机，然而微电台却将收听终端转变为可联网的各类移动存储设备，如：计算机、手机、平板电脑等移动终端。接收终端的变化，不仅使得广播的节目形态发生了巨大变化，而且也带来全新的收听体验。

（3）打破了广播的受众范围。

微电台将广播的受众群体扩大到网民，尤其是微博用户的范畴。我国目前有高达5亿网民活跃在网络上，其中包括2亿微博博主。网民特别是他们中的年轻人正在越来越多地走进广播受众群。据报道，受到微电台等新崛起的社交媒体影响，34%以上的年轻人正在向广播收听回归，他们年龄在18～36岁之间。

（4）打破了广播的听觉呈现。

微电台作为典型的新媒体形式，其多媒体功能弥补了传统广播视觉呈现欠缺的劣势。除了传统的音频内容，微电台还增加了视觉沟通的模式，其主持人可以在微电台官方微博发布文字、图片、视频等多元化的内容，甚至还可以设置互动板块，丰富传播内容。

（5）打破了广播的单向传播。

微电台改变了传统广播点面传播的单向模式，是一种多元化的网状传播模式，传播的针对性、贴近性、有效性和影响力大大提升。微电台“边听边聊聊吧”新应用的上线，为受众提供边听边聊的一站式交互体验，主持人在主持节目的过程中，可以在微电台页面上发布微博与网民进行实时互动交流，还可以在节目中对网民留言进行及时反馈，增强节目的互动性与参与度。

微电台是微博和广播的双向融合，其中微博借助传统广播的权威性和信息量，不断充实平台内容，增强服务能力。而传统广播也借助微博强大的影响力和庞大的用户群，不断拓展信息传播渠道和平台，从而达到双赢，实现传统媒体和新媒体在内容和渠道上的有机融合。

（二）电视融媒体新形态

在媒介融合的语境下，电视媒体也在积极探索发展之路，网络电视、手机电视、数字电视、IPTV、城市彩屏、楼宇电视、移动电视等一系列视听新媒体逐渐进入人们的视野，并迅速成为电视媒体中的佼佼者，其发展潜力不容小觑。

1. 网络电视

目前，学术界对“网络电视”这一概念仍存在许多分歧，主要有两种说法：一种认为“网络电视”是基于互联网技术，由各地广播电视播出机构创办，聚合现有电视台节目、媒体资源库内容和海量的互联网内容，通过互联网、有线电视网、无线传输网和宽带网、移动网向多终端用户提供全新互动节目的新媒体平台；另一种认为“网络电视”（NTV）是以宽带网络为载体，以视频、音频多媒体为形式，以互动个性化为特征，为所有宽带终端用户提供全方位的新兴电视业务。从本质上看，网络电视应是以宽带网络为载体的电视新形态。

（1）网络电视的传播特点

网络电视是互联网技术与电视技术结合的产物，它将两者的优势集于一身，表现出鲜明的传播特点：

1）互动性强。网络电视的互动性是网络互动性的延伸，这种交互式信息传播模式改变了电视线性传播方式，也改变了人们的媒介消费方式，网络电视的受众不仅仅是信息的接受者，更成为信息的制造者和传播者。

2）选择性强。网络电视是以用户为中心，按照用户的需求进行信息自主选择的一种传播方式，它可以最大限度地满足用户、吸引用户。它集网络和电视的功能于一身，用户可以根据自身的需求和爱好，点播自己喜欢的影视节目，也能通过网络电视浏览互联网、收发电子邮件、视频聊天，甚至还能通过网络电视进行电视购物和在线游戏等。

3）服务性强。网络电视的服务平台承载的是传统电视所无法提供的服务内容，包括某些增值服务，如：远程教育、网络游戏等。网络电视以实现人们多元化、个性化的需要为目的，通过独具特色的综合服务网来满足用户对新闻、经济、娱乐、教育、体育等各种个性化需求。

（2）网络电视发展的优势

目前，网络电视的实现主要包括由民间商业公司创办和由各大电视台创办两种类型，其中电视台发展网络电视主要有以下优势：

1）政策优势。目前，已有部分电视台获得了原国家广电总局颁发的互联网电视和5G手机电视经营牌照，可在全国开展互联网电视和5G手机电视集成播控、运营与内容服务业务，具有民间商业企业所不具备的政策性优势。

2）内容资源优势。一般省市级电视台都有几十年的内容资源积累，它们积累了大量的素材资料和节目资源，这些资源都可以被网络电视充分利用。此外，电视台规模大、设备全，有些电视台甚至还有卫星、光纤等硬件投入，在许多专业领域（如：大型直播等）拥有无法比拟的优势，这些都能为网络电视的内容制作提供方便。

3）系统资源优势。随着近年来电视台网络化、数字化的发展，一般省市级电视台都建成了网络化系统和媒资系统，为节目制作和检索提供了便利。节目的数字化为后续与网络电视互通提供了便利，媒体文件经过简单的转码即可适用于网络平台发布。

4）版权优势。电视台普遍拥有独立的版权中心，能够对节目进行内容版权方面的认证，而版权问题目前正是许多商业网络电视所面临的共同问题。

5）采编队伍优势。电视台有一支实力雄厚、基础扎实的采编队伍，这些采编人员熟悉节目制作，同时又有大量的策划编排经验，他们对行业十分了解，而且各大电视台还普遍与专业机构有长期的合作经验，能在第一时间深入第一线，了解到权威的信息。

然而，电视台发展网络电视也面临着许多困难，如：

技术资源问题。传统电视台技术资源重点在于视频、音频网络的构建和运营，而网络电视作为新媒体对技术人员的要求重点在于计算机网络的构建和运营。计算机网络尤其是提供视频服务的计算机网络对接入用户数相当敏感，不同的方案提供的性能存在天壤之别，这部分技术储备在传统电视台相当贫乏。

体制机制的限制。目前，我国各大电视台都属于事业单位，工作流程相对复杂，效率不高。此外，它又承担着舆论导向的作用，内容发布管理相对严格。但新媒体却因高效多变的特点，需要快速的适应性。

人员思维模式固化。虽然电视台普遍拥有成熟的采编队伍，但这些人员还局限于传统媒体思维模式，在“精”与“快”之间没有找到最佳的契合点，他们需要通过适当的培训，加深对网络电视的理解。

2. 手机电视

所谓“手机电视”，是指以手机为终端设备，通过移动网络流媒体和文件下载方式，为用户提供以音视频为主要形式的节目体验。用户可以通过手机观看电视直播，进行视频点播和下载并向好友推荐节目和发表意见，使手机电视成为广播电视网络与移动通信网络融合的最新产物。

（1）手机电视的实现方式

当前，手机电视业务主要有两种实现方式：一种是基于数字广播电视网络的方式，采用数字广播技术。在手机中安装集成CMMB（中国移动多媒体广播）芯片，接收无线数字广播电视网传输的电视信号。这种方法实质上是把手机当作无线电视信号的接收终端，所以也被称为“手持电视”。另外一种是基于移动网络的方式，采用移动流媒体技术和蜂窝网广播技术。手机可以通过移动通信网络，收看或点播流媒体视频。这种方法本质上是把手机用作无线网络终端，所以通常也被称为“手机视频”。

（2）手机电视的传播特点

由于手机这种通信终端的一些独特性，手机电视在进行信息传播的过程中具有其他媒介类型不具备的特点：

1）终端设备的便携性。手机小巧、轻便、易于携带，其利用无线电波进行数据传送的方式使得用户可以随时随地接受信息，而且各大移动通信运营商已经在全国各地设置了高效的发射塔，这也为手机电视的普及奠定了坚实的基础。

2）传播内容的个性化。传统电视的播出方式是线性的，观众只能被动地收看某一特定频道在特定时间播出的内容。但是手机电视的出现，使得观众可以选择收看时间、收看地点甚至收看内容，真正按自己的意愿和爱好选择内容，实现信息接收的个性化。

3）传播方式的交互性。传统的电视媒体要进行受众调查，必须采用安装接收设备进行取样的方式，既烦琐又不准确，手机电视的受众习惯却可以通过手机网络即时反馈到传播机构。而且受众也可以通过文字、图片、声音、图像等方式随时与传播机构进行互动，互相交流。

4）传播过程的私密性。手机是一种极端个人化的媒体或者说是私用媒体，保罗•莱文森称之为“口袋媒体”，因此，基于手机终端的手机电视也就先天具有了私密性的特点。手机用户对手机电视的使用拥有绝对的主导权，观看节目的时间、地点、内容等全凭个人意愿与爱好，传播方式是一对一的，使用者通过手机发出和接收的个人信息也具有极高的私密性。

5）接收屏幕的制约性。手机电视的便携性和移动性决定了它的屏幕不会很大，在这种情况下，画面细节的表现能力被大打折扣，长时间近距离收看容易引起受众的视觉疲劳，有限的屏幕制约了手机电视演绎完整的故事情节，这对手机电视的节目创作提出了新的要求。

二、广电融媒体的内容重构

广电融媒体的内容重构指的是传统广播电视的信息载体可以打乱重组，在不同的媒介中根据不同的要求采用不同的形态。这是广电传统媒体在进行媒介融合时最重要的一个环节，也是视听重构能否成功的一个重要标准。

（一）广电融媒体内容重构的成因

广电融媒体的内容重构，是技术、竞争和受众需求三种合力作用的结果。

1. 内容重构的技术基础：从模拟信息到数字化信息的发展

随着计算机技术日新月异的发展，信息数字化将在各个领域进行应用，广播电视领域也不例外。传统的广电传输技术是以模拟信号为基础的，当数字化技术的应用逐渐普遍之后，模拟制式逐渐被数字化技术取代。现实世界中的文字、图形、图像、动画、声音等各种形态的信息，都可以通过计算机的处理，使之以“0”和“1”来表示，因此，用数字媒体就可以使传统媒体高保真式地描述世界。

2. 内容重构的外在压力：市场竞争日益加剧

无论是传统媒体还是新媒体，要想生存和发展就必须适应市场的需求，争取最大的市场份额，只有这样才能在竞争日益激烈的市场上站稳脚跟。长期以来，传统媒体一直拥有对信息的垄断权，掌握着信息资源的稀缺渠道，在大众传播中占据着不可替代的统治地位，如：平面媒体中的报纸和杂志，视听媒体中的广播和电视。但是随着网络传播技术的不断发展，信息的数量和形式都发生了翻天覆地的变化，传统媒体的受众注意力逐渐向新兴媒体转移，而传统媒体的内容也不再稀缺，其同质化现象非常严重，成为广电融媒体内容重构的外在压力，客观上推动了传统媒体与新媒体的内容重构和创新，推动着信息内容的多元化和个性化。

3. 内容重构的内在动力：受众的多元化个性化需求

随着信息技术的不断发展，受众接受信息的渠道日益增多，信息的数量也呈几何数增加，多元的渠道和海量的信息让受众有了更多的选择权。受众不再依照传统的视听习惯，如：晨练时带上手持式收音机，午餐后休闲看报，晚餐时家人在一起收看《新闻联播》等。这种定时、定点的视听习惯不断发生改变，传统媒体的传播方式也随着这种改变而变化。“定时定点”转变为“随时随地”收听收看。为了满足受众新的视听习惯和需求，媒体的内外在动力不断驱使他们对内容和服务进行修正和改变，生产出更加符合受众多元化、个性化需求的节目内容，以重构为途径，稳定广泛的受众群。

（二）广电融媒体内容重构的实现

内容重构是依托数字媒体技术平台，将不同媒介形态的产品转换成跨平台、跨媒体使用的多元符号，以形成多层次、多类型的视听融合产品。

1. 内容重构的主体环节

内容重构根据内容的来源来分，可以划分为报纸、广播、电视、互联网等，即来自不同媒介的信息内容既可以被自身利用，也可以供其他媒介使用；根据传播的元素划分，包括文本、图片、影像、声音、动画等，这就意味着同一种信息可以被制作成各种不同符号的媒介形式加以使用和传播。

在制作环节中，特别是在新媒体产业链中有四个重要环节：内容创意—内容制作—生产复制—交易传播，这四个环节在该产业链中的价值比重分配分别为45%、10%、5%、40%。从这个比重可以看出，有关内容的部分占到了未来新媒体产业链的半成以上，内容已然成为各个媒体核心竞争力的体现。在传播渠道日益增多的时代，媒体间的竞争首先是传播内容优劣的较量。未来广播电视与新媒体融合的核心就是实现内容的生产转型，巩固和扩大广播电视内容的原有优势，探索出适应未来新媒体发展的内容生产路径。

2. 内容生产的转型

在新媒体层出不穷的互联网时代，不管是从市场的角度还是从受众的角度来看，媒介内容的重构都是迫在眉睫的。内容重构要求电视媒体、广播媒体、网络媒体、移动媒体、平面媒体等媒介形态，打破彼此之间的界限，将不同形式的内容资源组织到统一的平台上去策划、采集、生产，然后再通过不同的媒介平台发布，其实质是不同媒介之间在组织、流程、机制上的融合与渗透。

树立“大编辑部意识”。这是内容生产实现转型的基础，即从分散制作向生产聚合转型，要求将不同媒介的内容资源统一在一个大平台上进行整合，实现各媒介、各部门之间的内容相互推销和资源共享，广播、电视和网络全部使用一套班子，由“多媒体大编辑部”统筹策划，将采集的素材和新闻用于集团旗下的各个媒体。

传统视听媒体都拥有各自独立的采编部门，各个部门之间缺乏及时的沟通，各自为政，导致很多资源被浪费或低效利用。树立“大编辑部意识”，就要求采编一体化，逐步建立起资源共享的信息处理平台。就广播电视来说，推进融合发展首先要改革自身的内容生产平台，进行资源整合，建设跨媒体协作机制，搭建全媒体内容资源整合和生产发布平台。

差异化制作，类型化传播。传统视听媒体的内容制作流程，往往先从信源出发，虽然它们也将受众的反馈考虑在内，并对传播内容进行及时修正，但主要还是以媒介机构本身的意志为主要衡量标准。而视听融媒体的出现则打破了这种内容制作模式，旨在根据不同传播终端的特点，进行差异化的内容制作和类型化的传播。

首先，在内容创意阶段，应根据不同媒体介质的特点和传播规律，结合不同的受众群体，开发制作成内容长短不一、风格各异的视听产品，在不同终端予以呈现。其次，在内容制作阶段，根据不同媒介要求对素材进行差异化编辑制作，以便在发布环节运用全媒体平台进行差异化的分发和传播。最后，建立并优化多终端内容生产机制。

在新闻的分发上，手机、广播、电视、纸媒、网络等多渠道的建制，使得同一内容不同形式的新闻产品能够沿着各自既定的渠道运行，从而保证了一件新闻产品的复次传播和多介质、全方位传播。

新闻生产流程再造包含四个方面：首先是强大的“脑指挥中心”，负责新闻信息的价值判断及其去向；其次是“交响乐团式的空间布局”，能实现更高效的多介质统一行动，有利于多个媒介品种围绕“脑指挥中心”协调作战；再次是“多媒体化的采写部队”，单介质记者向多介质记者转型，全面提供文字、音频、视频、图片等各类产品，供融媒体平台上的报纸、广播、电视、网络、手机等全媒体使用；最后，实现UGC内容的优化和上浮，形成一套有效的UGC机制，鼓励用户方便、快捷、积极地贡献优质内容。如：湖南卫视的金鹰网播客栏目*VBLOG*，供用户发布自己喜欢的视频，网友上传的节目大都与娱乐节目有关，很好地扩充了其母体平台的内容。

第五章　融合新闻教育的内容

第一节　融合新闻教育：新闻传播专业布局

21 世纪已是信息高速发展的时代，随着计算机和网络技术的不断革新，传媒形式发生了巨变。报纸、电视、广播这类传统媒体由于运维成本高、产出过程复杂、信息传输较慢等原因，已经赶不上社会的需求了。以往的新闻从发生到传播开来，可能需要几十分钟甚至几个小时的时间，这受制于新闻产出的过程和传播的形式。但是，现如今的传播速度已经大大提升，只要你有手机或者电脑等移动终端，能够连接网络，那么你完全可以把上一分钟发生的事传播到网络当中甚至是主流媒体平台上，经过后台技术的简单处理，受众就能通过接收终端来获得新闻。这远远要比需要编辑排版的报纸和需要采编播的电视广播要及时了许多。因此，媒介融合已经成为了当下主流媒体必须要面对的现实。

一、媒介融合势在必行

媒介融合的概念最早可追溯至 20 世纪 80 年代，最简单的定义就是不同的媒介形式融合在一起。而美国马塞诸塞州理工大学教授浦尔认为，媒介融合不仅是简单的形式融合，而是指各类不同媒介融合之后呈现出多种功能一体化的发展趋势。换言之，不仅各种媒体形式要打破界限融合在一起，同时功能、资源、配置、运维等方面也要进行融合。

广播、电视、报纸作为传统媒体，从运维模式到传播途径都有着差异。在以往看来，这三类媒体是很难做到相互融合的，毕竟让一名电视台摄像师去报社当一名排版校对人员是很难实现的。但归根究底人际传播的性质是恒久不变的，那就是发现事件、内容选择、受众传播。因此，在一定程度上，广播、电视、报纸作为传播媒介，他们之间是有一定的互通性，如果能够越过技术上的藩篱，自然而然可以做到相互融合。打破这一界限的主要因素就是网络技术和电子计算机技术。

郑州报业集团作为河南省的一家主流传统媒体，在经历重大时代变革之后，开始向多元媒体融合方向发展，其对于媒介融合的应用已经十分成熟。无论是人员配置还是资源整合，最大限度做到了相互融合。前方的记者既是新闻的发现者，同时又是新闻实时的编辑者，通过移动端 APP 的拍摄功能和文字编辑功能，把新闻的采编播工作一气呵成，能够在极短时间内将一起突发事件化为一条可视可读可听的新闻。在融媒体“中央厨房”现场，我们能够很清楚看到文字、音频、视频等各类消息的不断汇总，然后控制端能够抓取想要的素材，进行简单的处理，进而上传至客户端。以往看似很难将各种资源进行融合再处理，在计算机和网络技术下都变得轻而易举。因此，美国新闻学会媒介研究中心主任安德鲁·纳齐森将“融合媒介”定义为“印刷的、音频的、视频的、互动性数字媒体组织之间的战略的、操作的、文化的联盟”

二、新闻传播专业当下现状

媒体融合的出现不仅对传统媒体产生了深远影响，同时也对人才培养提出了高要求。对于如何培养此类人才，国内已有学者开始关注，中国人民大学蔡雯教授结合国外的发展情况，指出了新环境下新闻人才培养的诉求：一是能在多媒体传播中进行整合传播策划的高层次管理人才；二是能运用多种技术工具的全能型记者编辑。国内有许多高校都开设了新闻学及相关专业，但是能够顺应潮流，紧贴时代发展的学校却很少。大部分高校的新闻传播专业还停留在传统的媒体教育阶段，将新闻写作、电视制作、网络传播等专业划分开来，分别培养各自领域里的人才。虽然培养出来的学生在本专业内有较好的业务能力，但是，跨专业能力较差，很难适应当下媒介融合的大环境。

随着国内各大高校的持续扩招，尤其是艺术类专业尤为明显，每年的招生量在不断增加。据有关数据统计，自 1999 年开始施行扩招政策开始，每年以 80% 的增速不断扩招，而广播电视编导等艺术类专业更是迅猛发展。学生数量急剧增加的同时，是师资队伍的脱节，除去重点院校和专业类院校以外，绝大部分的一般性综合类院校都存在师资队伍严重缺乏的情况。往往是一名老师同时教授两类课程，如摄像课程的老师还要教授后期制作课程，广告策划课程的老师还要教授 PS 后期技术。看似满足了日常的教学需要，但往往无法从更专业、更深入的角度为学生传道受业解惑。虽然新闻类专业是一个较为庞杂的专业，需要学习很多不同领域的知识，然而教师身兼数职双肩挑的情况还是无法满足人才培养的需要，往往会出现“半吊子”学生的情况，这类学生在将来步入社会之后还需要很长一段时间的实践和磨练，才能达到用人单位的要求。

媒介融合自提出至今，业界已经认识到其重要性，开始顺势而为，力求突破。然而在新闻传播专业教学领域里面，对于媒介融合的认识还很不足，响应也不够积极，仍在用老一套的教学理念在培养人才。以作者所在学校为例，从创办新闻传播类专业至今，还未有一套系统的培养计划，而且专业老师大部分对于媒介融合知之甚少，更不用说接触过或是熟悉其运作流程。唯有新媒体专业的老师在近几年开始关注媒介融合，申请开设此课程，但想要系统的培养具备媒介融合素质的学生还是一件困难的事情。由此可见，教育界对于媒介融合的认识还处于初级阶段，只是做到了了解，并没有深入去认识，更不用说建立一套系统的培养模式。

师资队伍的发展滞后也是问题之一，新闻传播类专业属于实操能力较强的专业之一，势必要求有配套的专业设备和业务能力强的专业教师。现如今半数以上的高校都不具备此能力，河南省内绝大部分的高校都未建设成熟的融媒体实验中心，至今还停留在传统形式上的实验环境，有此意向的高校也仅仅是建立了相互独立的多媒体试验场所，并没有从本质上做到媒介融合。教师队伍也存在业务能力不足，缺乏实战经验的问题。媒介融合这几年才逐渐被业界和学界所认同，能够系统运用的也在少数，因此，业界具备此类素质的人才少之又少，更不用说还处于初级阶段的教育领域。

三、新闻传播专业力求变革

早在 2005 年，国内外高校就新闻传播教育问题达成了共识，他们一直认为：“新闻传播教育的核心任务是培养具有神圣的职业良知、宽广的国际视野、

深厚的文化修养、科学的思维方法和精湛的专业技能的新闻传播工作者。”媒介融合的出现，对人才要求更加全面、更加系统，从以往“一招鲜”要转变成现在的“多面手”。由此可见，要培养适应媒介融合发展背景的人才需要各方面的通力配合。

（一）教学模式需要转变

以往的新闻传播专业教学多以理论为主，虽然近几年来大部分高校开始重视实操，但所培养出来的学生还是无法完全适应社会上的工作环境。从重理论轻实践转变为理论实践并重，实践为主的教学模式，无疑是培养学生综合能力最好的途径之一，毕竟

媒体行业是一类以实际操作为主的行业。现如今许多高校开始要求学院同校外企事业单位建立合作关系，开设实践基地，让学生能够在学校期间就开始接触行业运维流程和实际操作，一边学生毕业后能够更快的融入到岗位之中。作者所在学院自2014年以来，常年同河南电视台、郑州报业集团以及传媒公司等众多企事业单位建立了合作平台，第二课程的实践活动已经成为学生年终考核的一项重要指标。

（二）课程设置需要调整

以往的课程设置过于强调专业分类，新闻学专业开设新闻采编、新闻写作、新闻学等课程；广电专业多开设摄影摄像、后期制作、电视片创作等课程。现如今媒介融合已将各媒介之间的界限打破，从功能、人员、资源上做到了融合，这就要求现在的从业人员必须要具备各类媒体采编播的基本能力，能够熟练掌握新闻采写、视频拍摄、后期制作、口述播报等等能力。为适应此类人才的培养，高校也应当把课程设置做出调整，以媒介融合教学的前提下，丰富课程设置，摄影摄像、后期制作、新闻写作、网络传播等等课程都要涉及，尽可能让学生全面学习本专业知识。

与此同时，跨专业开设课程教学也十分有必要，例如计算机技术、信息技术等等课程，不必苛求新闻传播类专业的学生必须做到熟练掌握，最起码可以作为选修课让学生们具有更出色的能力。

（三）师资队伍需要壮大

老师作为传道受业解惑的角色，在大学教育阶段还是必不可少的，尤其新闻传播专业有大量的实际操作环节，更需要经验丰富的老师来进行指导。事实上，现如今大部分的高校都采取聘用校外导师的方式来解决师资队伍不健全的问题，一方面在人数上得到了补充，另一方面也是看中了校外导师的从业经验和实践环境。然而学生的大部分时间还是在学校度过，同时校外导师的指导时间也很有限，虽然能够在一定程度上为学生传授一些实操上的经验，但终究无法完全替代校内教师的地位，因此，培养和壮大校内教师团队变得尤为重要。

外出进修访学、到业务单位挂职锻炼等等方式都是培养教师队伍比较好的途径，甚至有的学校已经有了鼓励专职老师外出兼职的政策，可以“两肩挑，同时抓”。作者所在学校从2016年开始就要求专职老师必须外出访学或是进修，做到五年内每位老师都要进修一次，专业技术岗的教师最好选择对口的业务单位进修或挂职，作为年终考核的一项指标。

新闻传播和媒体作为国家的发声器，是推动社会长治久安、稳定发展的重要力量。

如何应对当下如火如荼的媒介融合趋势，如何培养出符合发展要求的人才，是新闻传播专业教学所要面对的重要问题。建立全方位、多立体的教学模式，创新课程范式改革，打造能力突出、技术过硬的教师团队，是当下大部分高校所要做的事情。从源头出发，为国家和社会多培养适应媒介融合大发展背景的人才，推进新闻传播教育良性发展，才是未来高校新闻传播专业发展的重中之重。

第二节　融合新闻教育：新闻传播师资队伍

一、改革开放四十年来，我国高校新闻传播学科师资队伍建设取得了可喜成绩

1978 年党的十一届三中全会以来，我国高校新闻传播教育有了飞跃的发展。而其中，高校新闻传播学科师资队伍建设，成绩尤其显著。三十年来，我国高校新闻传播学科师资队伍建设和发展中，呈现出以下三个明显的特点：

一是老一辈的新闻教育工作者在新闻师资队伍建设和学科发展中发挥了巨大的领军和榜样的作用。在我珍藏的一张拍摄于 1984 年 11 月 28 日中央领导同志在中南海与出席中国新闻教育学会成立大会代表的合影中，站在第一排的有胡乔木、邓力群、温济泽、甘惜分等，王中、安岗等当时也出席了这次成立大会。从这张照片可以看到，党中央领导同志多么重视新闻传播教育事业，多么关心从事新闻传播教育工作的师资队伍。同时，也使我们能感受到，像温济泽、甘惜分、安岗、王中这样的一批老新闻教育工作者，在积极争取中央领导同志对新闻传播教育事业的关注和推进新闻传播教育师资队伍建设中，起到了多么重要的作用。1980 年 9 月至 1981 年 7 月，我在复旦大学新闻系学习进修期间，多次聆听了王中教授的精彩讲课和工作讲话；1981 年 11 月 14 日又邀请了甘惜分教授亲临四川大学为新闻系首届本科生作精彩学术讲座。这些，都使我们真正感受到了老一辈新闻教育工作者渊博的学术知识、丰富的宝贵经验和高尚的精神风采。正是以他们包括方汉奇、赵玉明、丁淦林等为代表的一大批老一辈的新闻教育工作者，通过言传身教，以他们的著述、讲学、业绩和品德，为我国新闻传播学科师资队伍的建设和新闻传播学科的发展，产生了重大的影响和作用。

二是一大批年富力强的中年新闻教育工作者，刻苦拼博、埋头苦干、勤奋工作，

起到了在学科建设与发展中承上启下的重要骨干作用，不愧为我国新闻传播学科发展和师资队伍建设的中坚力量。这批干劲十足的中年骨干，大都担任了各高校新闻院系的负责人或学术带头人。他们在学校党委和行政的领导与支持下，紧密团结院系全体教职工，为搞好教学、科研、行政管理等各项工作，为办出自己的学科特色，千方百计，努力奋斗，贡献出了巨大的智慧和力量。同时，这批中年骨干又大都是“双肩挑”，既担负了行政管理工作，又率先耕耘在教学、科研第一线，在教学改革、科研创新等方面以身作则，多有建树，为我国新闻传播教育事业的发展和学科建设，做出了重大贡献。

三是许许多多充满活力的年轻新闻传播学科教师脱颖而出，光芒四射，活跃在教学、科研和学生思想政治工作第一线，取得了令人瞩目的可喜成绩，成为我国新闻传播教育战线的新生力量。尤其是一大批新中国自己培养的、特别是改革开放以来毕业的硕士、博士、博士后等逐步走上高校新闻院系讲台，为新闻传播学科师资队伍注入了新鲜活力。这批年轻教师思维敏捷，知识面广且新，与社会各方面联系密切、广泛，敢想敢作，创新能力很强，与学生年龄相对接近，在教学科研工作中，只要全力投入，潜心钻研，方法得当，就能取得引人注目的成果。改革开放四十年来，各高校新闻院系许多青年教师，逐步走上学科前沿和学术领军地位，为新闻传播学科建设和发展作出了特殊的贡献，充分显示出我国新闻传播教育事业后继有人、无限光明的可喜前景。

三十年来的实践充分证明，正是有了老、中、青三方面教师力量的共同努力，团结奋斗，在党的改革开放政策指引下，才迎来了我国新闻传播教育蓬勃发展的春天。如今，全国已有近 400 所高校办了 1000 多个新闻传播类专业，在校学生超过 15 万人，教师人数也增长很大。

当然，应该看到，三十年我国高校新闻传播学科师资队伍建设中，也还存在一些不足和问题。其中，比较突出的是：一部分同志对新闻传播学科师资队伍建设的重要性认识不足。有的同志以为，创办一个新闻院系，只要有充足的资金、宽敞的校园、崭新的楼房，就可以了。至于教师，办起来了再说，再慢慢找。这实际上是非常不切合实际、且十分有害的想法，也反映出一种“重物轻人”的错误观念。正是在这种思想支配下，有的院系新闻传播学科师资力量显得非常不足，数量很少，没有几个专职的新闻传播学科教师，长时间处于临时请人讲课、有什么教师开什么课的情况。这样，当然不能达到新闻传播教育的起码要求。另外，教师队伍和教学中理论与实际脱节的情况，也比较突出。专职教师队伍里，从事过实际新闻传播实践工作的人还太少，或者时间太短；教师与新闻传媒实践部门经常性的密切的联系，还很不够；教学内容与当前新时期新闻传播工作的新变化、新情况结合还很不密切等等。这些问题，都对我国新闻传播教育的进一步健康发展，造成不利影响。

二、进一步加强和改进我国高校新闻传播学科师资队伍建设的措施和建议

针对上述问题，要加强和改进我国高校新闻传播师资队伍建设，我认为，首先，要提高对高校新闻传播学科师资队伍建设重要性的认识。第一，我们要充分认识到，师资队伍建设是学科健康发展的根本。俗话说：“山不在高，有仙则灵”。学校不在大小，也不在于是否建多少高楼，最关键的是有没有过硬的师资队伍。一定要想办法把师资队伍建设放在工作的首位，放在重中之重。第二，师资队伍建设是学科办出特色的重要着力点与突破口。当前，在全国高校兴办新闻传播专业的热潮中，怎样使自己的专业富有生命力，有立足之地，一个重要的标准是看你办得有没有特色。而高水平、高质量、有特色的师资队伍，是办出专业特色的根本保证。只有千方百计地引进有特色的教师，培养有特色的师资队伍，多出有特色、有影响的成果，才能使自己的专业在百花中争艳，在群雄中昂立。。第三，师资队伍建设是新闻传播学科不断进步与发展的推动力。正如《国家中长期教育改革和发展规划纲要（2010—2020 年）》所说：“教育大计，教师为本，有好的教师，才有好的教育”。新闻传播学科要发展，最重要的还是“要有一支师德高尚、业务精湛、结构合理、充满活力的高素质专业化教师队伍。”有了这样的师资队伍，新闻传播教育才能向前发展。必须花大力气，投大精力，把建设重心放在这个重点上。

其次，要强化和落实高校新闻传播学科师资队伍建设中的一系列措施。从当前来看，要认真抓好以下几项工作：

一是支持和帮助教师认真搞好课堂教学，真正教好每一门课。有人说，教师的一生就是教学的一生。教师要站稳脚跟，首先就是要把课教好。1979 年，当我从教育新闻采写编岗位调到新闻专业教学岗位上时，时任中文系主任的唐正序教授就对我说：“重要的是要把课讲好，把教学工作搞好！”学校还专门派我到上海复旦大学新闻系进修一年，一方面补充新闻传播专业知识，一方面学习兄弟院校先进的教学经验。复旦大学新闻系许多教师精湛的讲课艺术和循循善诱的教学方法，为我走上新闻专业讲台起到了很好的示范作用。在备课过程中，中文系一位教研室主任也告诉我，制做卡片很有作用，把日常学习中见到的典型事例记在卡片上，日积月累，讲课时自然能派上用场，这促进我养成了随时收集资料的习惯。为了把课讲好，我认真地写好每一章的讲稿，有时上课前还先在家里打开录音机进行试讲，以掌握好每节课的讲授内容和时间。讲课之后，又注意听取同学们和听课教师的意见，不断改进教学，努力把每一堂课讲得更好。实践使我们深刻体会到，要给学生一杯水，自己就要准备一桶水。只有认真备课，刻苦钻研，不断探索和改进，才能把课教好，才能不愧为人民教师的神

圣责任。抓师资队伍建设，就要从让教师讲好每一堂课抓起。并且努力讲好更多的课。一定要千方百计为教师讲好每门课创造更好的条件，努力培育出更多“精品课程”，培养出更多优秀教师。

二是提倡和鼓励教师把教学与科研巧妙结合起来，努力做到教学、科研双丰收。加强师资队伍建设，只抓教学也不行。必须教学、科研一起抓，努力做到教学推动科研，科研促进教学。在新闻传播教学中，每门课程都必然会遇到许多新的理论与实践问题，一定要鼓励教师紧密结合教学，深入钻研这些问题，注意研究新情况、解决新问题。就某一个新问题，进行深入调查和研究后写出的研究论文，既是学术研究的新成果，也是对课堂教学的充实和补充。要支持教师密切关注新闻传播学科学术前沿，注意国际国内对相关问题的研究新动态、新观点、新成就，结合教学提出一些新的有价值的课题深入展开研究。要积极为高校新闻传播学科教师提供发表学术论文的阵地，积极创建并努力办好像《新闻大学》、《国际新闻界》这样高质量的新闻学术期刊。四川大学新闻专业创建之初，就曾与四川大学学报编辑部联合创办《新闻学论丛》学术年刊，为教师提供了一个很好的学术论文发表园地，推动了教师的科研工作，扩大了教师的学术影响，为学科建设起到了很好的作用。要支持教师积极申报各种纵向与横向课题，从而在更广泛的学术研究活动中，丰富教学内容，提高教学水平。事实上，一个好的师资队伍，必定是教学、科研紧密结合、相互相长的队伍。只有教学、科研并重，一起抓紧抓好，才能建设一支有强大后劲、不断进步的新闻传播教育师资队伍。

三是抓好教研室建设，把师资队伍建设工作落实到教研室和系上。要积极组织教师开展教研室活动，包括集体讨论教学计划、教学大纲和教案，互相观摩听课，开展教学交流和研究。教研室活动不能流于形式，要注重实效，做到一次活动解决一个问题，一门课一门课地讨论、研究，深入教室，充分听取学生意见，努力把课程建设搞好。要加强各教研室、各系之间的联系，定期召开新闻传播学科全体教师通气会，互相交流信息，沟通情况，推动各学科之间融合与互动，经常研究教学工作新情况，促进教学质量提高。

四是坚持“请进来，走出去”的办学模式，不断密切和加强学校与新闻传媒及社会各界的联系，采取切实措施推动教师与新闻传媒部门的合作，推进理论与实际的结合。新闻传播学科是一门实践性很强的学科，教学工作一定要与不断发展和变化中的新闻传媒实际紧密联系起来。要聘请一些新闻传媒单位的领导、编辑、记者到学校讲课，甚至担任兼职教师；也要有计划地安排一些教师到新闻传媒单位挂职锻炼，从新闻实践中丰富教学，增强教学工作的针对性、实用性和科学性。要组织教师积极参加新闻传媒界的重要活动，如评选好新闻、每周阅评、异地采访、学术研讨等，努力争取与新闻传媒单位合作开展重大课题的研究工作，形成高校、新闻传媒和科研机构三结合的科学研究新模式，促使教师在共同研究的实际合作中不断丰富新闻传媒实践知识、提高新闻传播学术水平，进一步提高教学质量。要努力使教师与新闻传媒单位结合的形式制度化、经常化。在有条件的院系，争取建立有新闻传媒单位和党政宣传部门负责人参加的咨询委员会、顾问委员会或教学指导委员会，使这种机制更加有效地为新闻传播学科师资队伍建设和学科发展服务。

五是广揽人才，兼收并蓄，注重包容，努力造就一支团结合作、有创造力、有拼劲的教师团队。“海纳百川，有容乃大”，是已经有110多年历史的四川大学的校训。建设师资队伍，也要有这种精神。新闻传播学科的教师，和新闻传媒单位进人一样，不但需要有学新闻专业科班出身的，也需要有学文、史、哲、经等其它学科、甚至学理工科出身的。多种学科背景的人汇聚在一起，也许能碰撞出更多智慧和科学的火花。一定要善于把来自不同学校、不同地区、不同学科专业的教师，紧紧地团结在一起，共同为搞好新闻传播学科的教学而努力。在教师队伍建设中，也要特别注意老、中、青教师的优势互补和紧密合作。要尊重老教师，充分发挥他们富有教学经验的优势，让他们起好传、帮、带的作用。要充分依靠中年教师，多给他们以教学、科研重任，使他们真正无愧为承上启下的教学骨干。要大力培养青年教师，努力解决他们工作和生活中的实际问题，让他们在教学实践中尽快成长。只有把各方面教师的积极性都充分调动起来，各方面的人才都紧密团结在一起，才能心往一处想，劲往一处使，拧成一股绳，在教学与科研工作的实践中使师资队伍不断健康成长。

六是加强校际间人才交流，促进学科间优势互补，充分发挥教师的聪明才智和特长，培养高水平的高校优秀新闻传播学科师资队伍。一种方式是选派教师到著名高校学习进修。例如20世纪80年代初在我到复旦大学新闻系进修一年后，学校又先后派吴信训、张惠仁、王绿萍等几位教师到复旦大学新闻系进修半年至一年。20世纪90年代后至今，四川省一些高校如西华师范大学、内江师范学院、乐山师范学院和重庆师范大学等，也先后派出一些青年教师到我校新闻系学习进修。这种学习进修，使教师得到了比较充裕、完整的“充电”时间和机会，集中学习到了兄弟院校宝贵的教学经验和人才培养模式，无疑对师资队伍的建设作用很大。另一种方式是师资人才流动，促进高校新闻院系间人才资源的互动与融合，这对于促进师资队伍的成长，推动高校新闻院系学科发展，大为有利。以四川大学新闻传播学科为例，近10年来，先后有吴信训、董天策、李杰等教授调往上海大学、暨南大学、浙江大学新闻传播学院工作，并担任了学院领导和学科带头人。同时，还有先后在川大文学与新闻学院毕业的新闻传播学博士生蔡敏、严功军、殷俊、邹炎调赴重庆工商大学，重庆外国语大学、重庆长江传媒学院和西南大学工作，先后担任了新闻传播学院院长或系主任职务。这些人才到兄弟院校去任教，不仅带去了四川大学“海纳百川，有容乃大”的精神和严谨、勤奋、求实、创新的传统校风，而且也向母校不断传回了兄弟院校新闻传播学科创新发展的新信息、新经验和新创意。这无疑是一种双赢，是整个国家新闻传播教育事业健康发展的福音。实践证明，在人才交流的问题上，一定要充分尊重教师本人的意愿，加强思想交流和沟通，使人才交流能促进每一位教师的才华与智慧都充分发挥出来，推动教师队伍建设工作向前发展。第三种方式是高校新闻院系间人才、知识和智慧的交流，即举办短期专题教师培训班，各高校年轻的新闻传播专业教师，到中国人民大学、复旦大学等知名高校举办的教师专题培训班学习、提高。这种班一般在假期举行，时间相对较短，大家相互交流教学中的经验和问题，而且能听到来自各著名高校的名师讲授教学经验，对丰富教师知识、改进教师教学技巧和方法，提高教学水平都大有好处。

七是重视和加强师德建设。树立良好的师德，是师资队伍建设的重要任务。一定要培养新闻传播学科教师有敬业、爱岗的精神，热爱和忠于本职工作，增强教书育人的责任感和使命感。要培养教师牢固树立“以学生为本“的理念，关心学生、热爱学生、尊重学生，在教学工作中养成言传身教，既严格要求学生、又能循循善诱的职业道德和素养。要安排年轻教师尽可能地兼任一届学生班主任工作，多与学生朝夕相处、教学相长，更好地从德智体诸方面去造就新闻传媒事业可靠的接班人。要提倡诚信，反对虚浮，坚决抵制和杜绝弄虚作假的不正之风。在讲学、指导论文、社会实践、考查考试等各个教学环节中，都要坚持认真负责，一丝不苟，注意培养学生勤奋踏实、实事求是、艰苦奋斗的好学风。只有建设了这样一支过得硬的高质量的师资队伍，新闻传播教育事业才能富有生命力，越办越兴旺。

八是注重日积月累，不断总结经验，提倡和鼓励教师积极开展新闻教育学研究，努力探索高校新闻传播学科师资队伍建设的新途径。改革开放四十年来，各高校新闻院系，在师资队伍建设中都做了大量工作，取得了可喜的成绩。应当把这些宝贵的成绩和经验，更好地总结出来，加以交流和推广，以促进全国高校新闻传播学科师资队伍建设工作的发展。在学习、参观许多兄弟高校新闻院系的过程中，我们高兴地看到不少院系在这方面成绩卓著。如复旦大学高度重视师资队伍建设，由学校出版社正式出版了《复旦大学教授录》，介绍了不少新闻传播学科教授的优秀业绩，给了人们学习的榜样。在新建的复旦大学新闻学院大楼前，人们可以看到一座闪光的荧屏上随时展现出全院教师一个个灿烂的笑脸，体现了师资队伍团结向上、朝气蓬勃的激情。在湖南师范大学新闻传播学院大楼内外，我们也处处感受到教书育人的浓厚氛味。学院领导甚至把每个新学年开学典礼上院长给学生的入学教育讲话，也整理汇集成册，充分体现了教师对新闻学子的良苦用心。四川大学新闻专业1981年开始招生后，10周年、15周年和20周年，先后正式出版了《四川大学新闻系十年》、《新闻教育探索》、和《记者的摇篮》三本书，反映了学校新闻传播教育发展的历程，其中包括师资队伍建设工作中的经验与教训，并且附录了学科发展“大事记”，详细记录了每一个学期在教学、研究、社会联系、师资队伍建设和学生工作等方面所做的重要事情，是新闻传播学科发展的真实反映。正如著名新闻教育家方汉奇教授评价说：“这种重视资料积累、善于做有心人、不断总结经验的做法，很值得坚持和提倡”。新闻传播教育，特别是新闻传播学科师资队伍建设，是一项非常繁杂、具体、关系重大的工作，我们一定要乐于和善于不断总结经验，认真把做过的事情很好记录下来，随时反思，不断总结、举一反三，互相交流，努力把这项工作做得更好。

第三，要进一步加强新闻传播学科师资队伍工作的领导。

搞好高校新闻传播学科师资队伍建设，关键在于领导。改革开放四十年来我国新闻传播教育发展的实践证明，正是由于有了从中央到地方各级领导的高度重视，才迎来了我国高校新闻传播教育蓬勃发展的大好春天。2010 年 9 月 9 日，在第 26 个教师节即将到之际，胡锦涛总书记考察了中国人民大学新闻学院，观摩了课堂教学。“他对在场的师生说，各种新型传播手段的出现，给新闻工作带来许多新变化新挑战。同学们要认真研究信息化时代新闻传播特点和规律，努力掌握新闻工作新知识新本领，还要在实践中巩固学到的知识，不断完善和提高自己。”这充分表明了中央领导对高校新闻传播教育工作的高度关心和殷切期望。在每一所高校新闻传播教育成功发展的历程中，都能够看到领导对师资队伍建设工作的重视。例如四川大学新闻专业在筹建过程中，学校领导就多次开会专门研究。1980 年 5 月 23 日，校长康乃尔主持召开校长办公会议，决定正式成立四川大学新闻专业筹备小组。会上，分管全校文科工作的许琦之副校长说：“这是一个新专业，新工作，需要各方面的人才。这就需要积极引进人才，把教师队伍搞起来。搞新闻工作，知识面要宽，要博，不能讲外行话。教学上要重视打好基础，多开一些各个领域的基础课。”他建议，聘请一些报社的高级专家、编辑、记者到学校来给学生讲课，开阔学生的视野。康乃尔校长还强调说：“要重视外语教学，要加强新闻业务实习，教学计划上这方面的课时不能少”学校领导同志的这些意见，在后来的办学过程中都得到了认真贯彻与落实，对于学科的健康起步和发展起了重要的指导作用。在改革开放四十年川大新闻专业的发展过程中，学校历届领导都给予了至关重要的支持和帮助，这些支持与帮助成为了学科不断发展和师资队伍建设不断进步的重要推动力量。

加强领导，还要十分重视学院一级的直接领导。当前我国高校新闻传播教育，主要有独立学院、联合学院、系或专业三种形式。无论哪种形式，院领导班子都要把加强新闻传播学科师资队伍建设工作放在重要位置，明确分工专人负责此项工作。领导要深入到教师中去、教研室去，深入课堂，经常与教师诚挚谈心，听取他们的意见，协助他们解决工作和生活上的各种困难，与他们一道共同为提高教学质量办实事，出实力。要大力表彰优秀教师，努力发现和总结教师中的先进事迹和先进经验。在职称评审上要始终坚持公正、公开、公平的原则，不断优化教师激励机制，促进中青年教师迅速成长。

在师资队伍建设中，还要充分发挥全国高校新闻专业教学指导委员会和中国高校新闻教育学会的作用。这些组织中，汇集了各高校新闻传播学科的知名专家和学科带头人，大家在一起就师资队伍建设和教学、科研、管理等各个方面的问题，交流情况，沟通意见，有利于推广师资队伍建设中的成功经验，解决一些工作中存在的问题，进一步把师资队伍建设工作做好。过去许多年来，这些组织已经起到了很好的作用，今后不仅应该坚持，而且还要进一步把工作做得更深，活动搞得更广，团结各高校新闻传播专业教师为做好教学工作，同心协力，互相帮助，共同再创辉煌。随着高校新闻教育的发展，一些省已经建立了省级新闻教育学会，由于地域接近，联系方便，活动形式也比较多样，在团结地区新闻传播教育工作者，推动地区新闻传播学科师资建设方面也可以起到实效的作用。今后，要努力把这些学会的工作做得更好，大家凝成一股绳，共创我国高校新闻传播教育事业更加灿烂的美好明天！

2011 年，四川大学新闻专业将迎来创建三十周年。继 2006 年四川大学新闻传播学科被国务院学位委员会批准为我国西部地区第一个博士学位授权点后，2010 年又获通过为新闻传播学一级学科博士授权点。这给我们提出了更高的师资队伍建设的要求。我们一定要再接再厉，永不自满，努力去创造更多、更大的成绩！

第三节　融合新闻教育：新闻传播课程设置

纵观媒介发展历史，媒介系统先后经历了功能分化和多样化的发展过程，20 世纪 50 年代以来，分散的媒介系统在各自领域得到了充分发展，20 世纪 90 年代以后，随着数字技术和网络技术的发展和传媒生产观念的变革，媒介功能开始从分散走向融合。媒介融合作为当今媒介生态系统的鲜明特征，必然催生新型的传媒人才教育理念。按照传统模式培养新闻传播人才已难以满足媒介融合背景下多元化、融合化、整合性的传媒应用人才需求。作为传媒人才培养主阵地的高校，虽然教育不能完全市场化，但是必须以市场需求作为导向，必须调整新闻传播教育课程结构，变革传媒人才培养模式，才能适应现代化传媒生产的需求。

一、媒介融合对新闻传播教育的挑战

媒介融合主要是指随着数字技术和网络技术的发展，各种媒介形态间的界限日益模糊，出现了以网络融合、内容融合以及终端融合为标志的新闻传播形态。美国马塞诸塞州理工大学教授I·浦尔认为，媒介融合是指各种媒介呈现出多功能一体化的发展趋势，而美国新闻学会媒介研究中心主任安德鲁·纳齐森（Andrew Nachison）将“融合媒介”定义为：“印刷的、音频的、视频的、互动性数字媒体组织之间的战略的、操作的、文化的联盟。”

和一些极端的认为新媒体必将代替传统媒体的看法不同，一些温和的研究者认为新旧媒体间的竞争是一条漫长的相互融合的发展历程。著名学者郑瑜认为：“媒介融合是新媒体时代的发展观。在相当长的时期里，新媒体不可能‘速胜’，传统媒体也不可能像某些学者精算的那样‘速亡’。”从媒体发展的现状来看，媒体融合并没有使传统媒体消失，而传统媒体恰恰利用新媒体技术的特性，不断地改进自己，提高自己的影响力。随着数字技术的发展，原来界限分明的媒介形态趋向合一，由于大众传播与网络传播各有自己的优势，无法相互取代，一种多元的传播环境正在形成：多元化的传播者、多样化的传播渠道、复合式的传播形态等，从而实现了新旧媒体“你中有我，我中有你”，相互融合的传播新格局。

媒介融合对新闻传播教育带来的挑战非常多，主要表现在：

（1）媒介的融合使跨学科的研究成为必然，学科的界限日益模糊。在媒介融合的发展趋势下新闻传播学科不仅仅限于文学学科，甚至工科、电信方面的内容也会涉及。

（2）培养传媒人才的理念要更新。我国传媒人才的培养普遍轻视学生对媒体和社会实践的体验，多数忽视文化素养教育与技术技巧教育的综合配置，存在理论与技能脱节、教材与知识体系脱节、教学与实践脱节、人才培养与媒体用人需求脱节的现象。不少院校的新闻传播学专业仍然按照单一学科模式培养人才，按照该模式所培养的新闻从业人才技能偏向单一，与媒介融合背景下传媒对于复合型、融合型应用人才的需求相差甚远。制定的人才培养目标和课程体系从未因传媒业界的变革而修订，原有的课程设置和教学体系落后于时代需求。

（3）媒介界限的消融需求“一专多能”融合型的传媒人才。以前只为某一种媒介提供内容的记者，媒介融合环境下同时能为报纸、电视、网络、手机等多种媒介服务。既能为报社提供文字稿件和照片，也能为广播电台提供音频资料，还能为电视台提供视频资料，还能为网站提供相关的文字、图片、音像、视频和动画资料，完成新闻编辑制作和报道。同时，要掌握各种现代化采编录传设备，能够将文本、照片、图表、音频和视频结合起来处理。鉴于内容融合依赖的是多媒体技术，因此媒介融合背景下的新闻记者需要掌握多种媒介技能，具备“能写稿，能照相、能拍摄、能编辑”的全媒体操作技能，才能适应跨媒介的新闻工作。

（4）对技术敏感性的需求。从互联网络到手机短信，从论坛到流媒体视频的互动点播，信息传播技术的每一次进步都推动着互动媒体的发展和互动环境的塑造。新闻从业人员在具备新闻敏感性的同时，还应当具备技术敏感性，提高自身的技术素养。新闻从业人员，也应当是信息科技的弄潮儿，能够及时追踪最新的科技，探寻技术在互动媒体上的应用，大胆使用一切技术来推动媒体的互动革命。媒体从业人员的技术素养不是仅仅停留在计算机采写、编辑和排版上，而是培养对信息技术的敏感性。

（5）业务流程一体化，跨媒体的媒体经营管理人才培养成为焦点。原来的编辑和采访是截然分开的，现在不但编、采分不开，而且甚至营销这些东西也在这里面一体化了，这种情况下不变的东西除了人才素质，其他的都在变。在未来的跨媒介集团中，不同媒介在同一个体系下工作，这就需要对这些不同媒介操作模式和运行规律都熟悉的人员在中间进行协调管理。

最早的所谓新闻学，那时基本上不研究广播电视，所以也叫做报纸新闻学。广播电视出现以后，原来传统的平面新闻学不足以应对，就增加了一个方向为广播电视新闻学，是被动为了适应发展需要而建立的学科。因此上，新闻传播学科传统上有四个主要方向：一是新闻学，主要集中于平面媒体，比如报纸、期刊；二是广播电视新闻学，主要是指在广播电视上与新闻有关系的那部分内容；还有广告学和编辑出版学，这就是我们传统的新闻传播学科的四个专业方向。在相当长一段时期，我国新闻学专业（包括广播电视新闻学）设置的目标架构是以传统媒体的人才需求为基础的。可是，随着网络新媒体的迅速发展及广播电视等媒体的数字化转型，媒体融合又使传媒间的传播介质差异逐步缩小或同化，原有按媒介类型来设置的专业方向和教学体系已经不能适应媒介融合发展的现实需求。

二、媒介融合背景下新闻学专业的课程设置

媒介融合背景下，新闻传播教育课程设置存在的主要问题是：过分强调专业细分，对报纸、广播电视、新媒体与网络传播等专业学生的业务技能进行割裂培养，这显然不符合培养融合型记者的要求。在以单一媒体化的专业设置下，往往是围绕某一媒体来设置具体课程。以这样的课程设置培养出来的学生自然难以适应融合新闻的采编业务。

（一）培养目标

现有的新闻人才培养模式是依据传统媒介形态设置的，没有考虑到媒介融合导致的新闻传播业务的变革。在媒介融合背景下，新闻学专业本科教育培养的人才目标是什么？媒介融合对新闻工作者提出了新的要求，新闻工作者必须具备跨媒介的新闻工作能力，能够同时为报纸撰写稿件、为电视摄录新闻节目、为网站写稿和组织编辑栏目。在媒介融合背景下，新闻传媒市场需要的是全媒体融合型人才，需要具有很强的信息整合能力，既有新闻聚合编辑的头脑，又善于运用网络发现新闻和发布新闻，更要有能力和受众互动，聚集信息，增加新闻深度广度。

虽然有不少新闻传播院校随着新媒体和网络的发展对新闻传播教育课程体系作了及时调整，把网络纳入课程体系，但也只是把网络仅仅作为一种新兴媒体来看待，没有看到它与报纸、杂志、广播电视之间进行融合的深层次联系。在这一培养目标下，对单一媒体时代的专业设置进行必要调整已是大势所趋。

（二）课程设置

综观国内新闻传播院校的教学计划和培养目标，可以发现新时期新闻教育正处在一个完善和转型的时期。中国新闻教育应该认识到媒介融合的传媒发展趋势，并在课程的安排和设计中体现出这一理念。

（三）学生要达到的能力

媒介融合趋势下，在新闻学专业课程设置里要将理论课程与实践课程有机结合，设置适当的影视制作和网络编辑方面的课程，其中“新闻采访与写作”是最基本也是最重要的课程，文字的采写编评能力是新闻传播从业人员最重要的素质，无论做什么媒体都需要，做广播电视也需要，做互联网也需要。同时图像处理和音视频的采集、制作能力是新闻从业人员的另外一项重要能力。具备了这几个能力以后，换不同的媒介都可以去做。媒体之间互相是可以打通融合的，例如，现在的报纸也需要图像，报纸的图片占的比重越来越大。又比如大型综合门户网站，既有视频，也有文字，也有音乐，也有声音，也有图像，是一个综合的数字传媒平台。如果具备了文字的采写编评和音视频的采写编评，就基本具备了媒介融合环境下在新闻传播界从业的基本素质。当然还有一个基本的素质就是人际交往和沟通的能力，因为新闻传播学是一个传播的学科，是需要跟人交流的学科，需要说话，需要写文章，需要表达。所以，还需要培养与人沟通和交流的能力。

在培养新闻学专业人才在媒介融合背景下的新闻职业理想与从业精神的同时，要注重全面培养他们的综合技能，形成立体化知识与技能结构体系的综合能力。要对媒介演变与形态变化充分熟知。对媒介融合下的新媒体与人、新媒体与文化、新媒体与社会、人与人的传播关系都要把握，同时对整个社会产业的变革与传播形态的改变也要有一定的认知。在新媒体媒介融合中既能掌握新闻理论与业务，又要不断演进业务技术，还要了解当今中国社会现实，更要通晓人文社会科学，具有较强的新闻敏感性和社会责任感，才能成长为合格的新闻传播人才。

三、新闻传播教育改革探索

随着媒体制作技术和传输技术的数字化发展，采访、写作、拍摄、后期编辑直至无线传输等都可能由一人独立完成。同时越来越多的公众希望能在任何时间，通过任何媒介方便地获取高质量的信息或新闻。因此，未来的新闻从业人员不能仅仅只会一种单一的报道技能，他们必须接受多项专业技能的培训，成为能运用多媒体技术的传媒人才。显然当前新闻教育在迎接媒介融合时还存在诸多不适应，一些新闻传播院校已经开始采取渐进的教育变革方式。例如，美国密苏里大学新闻学院选择了较为谨慎地向媒介融合过渡的教育改革，“首先改变课程设置，向学生介绍所有形式的媒体，比如，新闻写作的入门课程曾经限制为报纸写作，现在学习这门课程的学生也制作 3 个电视短片，在学期末，还要求制作一个网页。不过从当前媒介发展的现实来看，他们还是要求学生就一种传统媒体发展自己的专长。”在当前的媒介融合背景下，新闻传播教育应该加强专业基础教育，固守新闻教育基本理念，改革新闻实务类课程，在侧重某一媒体深入学习的同时，向学生介绍所有媒体。

国内最先尝试媒介融合背景下新闻传播教育改革的是汕头大学和南京大学，他们联合密苏里大学新闻学院创办了媒体融合实验室，推行密苏里大学新闻学院的基本教育模式，南京大学还开设了媒体融合专业。据介绍，“媒体融合实验室是一个开放性的教学实践操作平台。教师和学生模拟全真环境下的多媒体运营流程，学生以记者的身份采制节目，由模拟主编的教师进行批改和发布。在模拟教学中，文字、图片、音频和视频文件都是学生的实践素材，可以进行多种媒体的融合实践”。

中国人民大学新闻学院的新闻教育改革经验也值得学习，“借助本院的广播电视教研室和新媒体教研室的力量，为全体新生开设两门业务性的专业课：音频视频制作；数字传播技术应用。这两门课的开设，使新闻学专业原先只侧重于印刷媒体的专业课程体系得到改造，全面掌握各种类型媒介所需要的专业知识和技能，从而适应媒介融合发展的需要”。新闻传播教育改革应该以此为借鉴，将媒介融合教育理念贯穿于教学中。

多年来一直将新闻学等同于一般人文社会学科，高校新闻教育在资金投入上严重不足，设备更新过慢、实验条件受到限制，也妨碍了新闻实务教育与媒体现实需要保持同步。打通教学与实践环节的最佳方式是兴办校办媒体，加强学界与业界的联系与合作，使新闻教育改革能随时得到业界的支持，让更多的新闻记者有机会走进课堂，帮助学生更快成长。在教学过程中教师应该采用灵活多样的教学方法和手段，通过采用“案例式”“交谈式”“讨论式”等新型教学方法，不断创新课堂教学模式，引导学生将课堂上学到的理论知识转化为实际能力。同时，要紧贴媒介融合及其发展变化，将教学与实践在时间上互相穿插，通过课堂实训、实验课程、专业见习、媒体实习等实践教学环节，促进学生由知识型向能力型转变。

媒介融合时代的到来要求熟悉多种媒体手段的“全媒体”新闻从业人员，既能写文稿，又能采录音，又能摄影摄像，还能进行综合分析和编辑组合。这为高校的人才培养方向与模式提出了新的要求，高校新闻传播专业和学科课程设置必须适应媒介融合这一发展现实，突破以往专业方向和课程设置单一割裂的局限，建立一种跨学科、跨文化、跨媒体、更具开放性与兼容性的新闻传播教学体系，以适应媒介融合的发展趋势。

第六章　中国传媒融合创新的现状与机遇

第一节　中国传媒融合创新的现状

一、中国媒体融合的现状分析

传统媒体与新兴媒体融合，不仅是将两者的出版生产流程、产品形态和传播渠道融合互补，而且是从思维理念到体制机制、从组织结构到运营管理、从产品内容到表现形式、从生产流程到传播场景，都需要根据市场和用户需求进行资源重组，深度转型实现融合。这一点，似乎已经成为传媒业界和学界的共识。近两年来，我国传媒业对此进行了多重探索。

（一）体制机制创新

新闻出版业的转企改制为媒体融合打下了坚实的基础，体制改革和融合转型都已进入深化阶段，两者相辅相成、相得益彰。如今，大多数的媒体已成为自主经营、自负盈亏的市场主体，媒体融合下的体制机制创新也是在此基础上进行。当前，媒体推进媒体融合大多实行不同介质媒体管理制度一体化，所属纸媒、网站和移动媒体都是“一套领导班子、一套记者队伍、一套生产流程、一套考核体系”，例如三湘华声。其成立了管委会对旗下多种媒体进行统一管理，实行一元化的管理体制，并以市场为导向，建立了与不同传播介质不同岗位相对应的“全员覆盖、任务分解、量化考核、论绩定级、奖罚分明”的全媒体标准考评体系，形成了全员认同的绩效驱动型企业文化。

（二）内容生产模式创新

内容生产模式创新主要体现在传统媒体和新兴媒体内容生产流程一体化，即“中央厨房”式的全媒体采编和内容生产平台，同一资讯尽可能以文字、图片、音频、视频等不同形态采集，制作成适合不同媒介传播特点的内容，按照受众的接受习惯进行全方位、立体式发布，力求达到最大化和最优化的传播效果。如浙江日报报业集团将集团数字采编中心与浙江在线的新闻中心融为一体，作为集团新媒体内容生产与发布的“中央厨房”。2014 年，新华报业全媒体“中央信息厨房”项目全面投入运行，集团更好地实现了内容产品的多次开发和深度增值。2015 年，重庆日报报业集团投入 1.5 亿元分别与北大方正和北京拓尔思合作，建立集团和各报系两级技术平台。一方面，以重庆日报、重庆晚报、重庆晨报、重庆商报四大主流报媒为核心，建成各报系“中央厨房”，打通了各报系内部纸媒、PC 端、移动客户端媒体集群的信息渠道，重构了互联网条件下采、编、发、播一体化流程，形成了全媒体新闻资源 24 小时采集发布机制；另一方面，建立集团层面“中央厨房”，形成以新闻监控平台、新闻指挥调度中心、新闻传播效果分析、智能决策分析、用户资源以版权维护为主体的大数据运用及新闻内容监管平台。

郑州日报报业集团也打造了一个类似“中央厨房”的融媒集群管理系统，将集团旗下的《郑州日报》、《郑州晚报》、中原网的视频、音频及地铁报、社区报、手机报等媒体的“两微一端”全部打通，党报、都市报、网络的时政部、经济部、县市部、文娱部、体育部逐步合并，各媒体只保留夜班和保留各自的特色栏目数十人，所有稿件进入“新闻超市”，按需取稿付酬。

（三）媒体产品形态多元化

推动媒体融合，首先是渠道和平台的融合。在媒介融合风潮中，“报网融合”可谓是最早实践的一种融合形式。如今，传统媒体几乎已经涉水所有新媒体种类，做到了媒体形态多元化：电子报、报纸新闻网站、手机报、报纸二维码、有声报纸、3D 报纸、i Pad 终端媒体、电子阅读器、LED 显示屏、微博、微信、客户端、社区网站、社交网站、数字期刊、期刊网站、网络电视、数字广播……这些基于不同媒介、不同接收终端、不同互联网应用平台的种种媒体形态，传统媒体几乎已经全部有所涉及。

全媒体理念也给媒介布局、内容生产带来了很大的变化，目前，浙江日报报业集团、南方报业传媒集团、重庆日报报业集团等有规模的或稍有规模的媒体集团都已经基本形成了覆盖全媒体类型的媒体布局。如浙江日报报业集团通过打造不同的媒介类型，形成了核心圈、紧密圈、协同圈共同构成媒体矩阵。核心圈包括新闻客户端、手机报、新闻网站和视频新闻客户端；紧密圈包括边锋游戏平台的新闻专区和弹窗、边锋互联网电视盒、腾讯·大浙网新闻板块、各县市区域门户网；协同圈包括各子媒体的微博、微信和专业APP。再如，2014年上海报业集团成立后，先后推出三个新媒体项目“上海观察”“澎湃新闻”“界面”，这三个新媒体内容定位和目标读者都不同，盈利模式诉求也不同，但是却都是建立在网页版、WAP、APP客户端等一系列新媒体平台的基础上的新媒体形态，为上海报业集团打通了移动互联网的入口。

（四）跨界合作创新媒体融合方式

随着媒体融合转型的不断深入，传媒集团内部甚至传媒产业内部的媒体融合早已不再是媒体融合的唯一途径，在“互联网＋”的时代背景下，媒体与科技、金融、电信、互联网企业等的跨界合作、多元发展推动生产要素和优势资源的重组和优化配置，不仅有效开拓和充分利用了媒体资源，同时，产业链的嫁接与重构为媒体融合提供了更多的价值增长点，为媒体融合提供了更广阔的发展空间。例如，湖南广电集团目前涉足的产业包括有线电视网络、创业投资、电视购物、艺员经纪、影视剧制作与文化演艺、地产酒店、会展旅游及幼儿教育等多元业态，实现了与富士康、电讯盈科、阿里巴巴等知名企业跨媒体、跨行业合作，为创新媒体融合渠道和商业模式开拓了更多可能。而上文提到的，上海报业集团于2014年9月22日上线的新媒体“界面”，就是上海报业集团联合小米科技、360公司、海通证券、国泰君安、联想弘毅等企业共同推出的，是媒体集团与科技、金融、互联网强强联合的产物，目标是要打造“互联网金融和商业信息的专业服务商”。再如，2016年2月，广东广播电视台与移动互联网平台ZAKER展开合作，在ZAKER建立“触电”频道，其作为“一个平台、多个端口”的全媒体项目的一部分，是对外强强合作的产物。再如，由北京电视台和奇虎360合办的新闻视频直播平台“北京时间”，其既拥有专业的电视媒体团队，又依托360搜索引擎的强大推荐功能，为用户呈现原创的直播形态的新闻资讯。2016年10月25日，江西广播电视台与江西联通签署融合发展战略合作协议，双方将在IPTV高清电视和移动新媒体手机江西台等融合项目上展开合作。

（五）以市场为导向的资产重组、合并或收购实现媒体融合

近两年来，传统媒体和新兴媒体开始通过以市场为导向的资产重组、合并或收购来实现媒体融合，这种融合既包括媒体集团内部各子媒体之间、各部门之间的融合，如近几年来，传统媒体覆盖纸媒、网站、移动终端以及户外等多种媒体的融合，也包括由传统媒体或互联网新兴媒体发起的同行业或跨行业的融合。如2013年10月28日，

上海报业集团成立，受到整个传媒业界和学界的强烈关注。其由解放日报报业集团和文汇新民联合报业集团整合重组而成，综合实力大大增强，集团成立以后立刻布局推出新媒体项目，在媒体融合领域重拳出击。再如，2015年10月，阿里巴巴全资收购优酷土豆，也被认为是当年媒体融合大事件之一；而事实上，在此之前阿里巴巴对传统媒体和新兴媒体的入股和收购就一直在发生。近两年来，阿里巴巴先后入股新浪微博、《商业评论》、虎嗅网、光线传媒、第一财经……2015年10月，阿里巴巴还与四川日报报业集团华西都市报社合作成立“封面传媒”，旨在打造一个强调“个性化定制”的新型主流媒体。如果说上海报业集团一定程度上是由行政力量助力推动而成，那么以阿里巴巴为代表的新媒体企业牵头的合资或兼并重组则更加贴近于与以市场为导向、以资本为纽带的西方跨媒介集团的创立模式。如今的合作、兼并或重组，不是为了“做大”的权力重组，而是为了“做强”的资产重组；不仅是所有权融合和策略性融合，而是资源优化配置下的结构性融合。只有按照互联网思维和融合规律进行重组和改造，在组织架构和管理方式加以调整，在体制、资源、内容、渠道、人才上做好融合和优化，才能让这种组织机构的融合真正起到推动实现传统媒体与新兴媒体融合的作用。否则，反而会增加管理成本和人力资源沟通成本，或造成内容同质化和内部竞争，反而加重内耗，不利于形成预期中的融合合力，那就得不偿失了。

（六）商业模式和经营模式日益多元化

新媒体商业模式的显著特征是基于大数据和用户信息库的精准营销，市场效果可以精确计算并可以迅速做出反馈，以便及时调整营销策略，需要的话可以进而调整商业模式和经营模式。融合之后的传统媒体产业链得到了极大的拓展，并在新媒体技术的基础上发挥自身优势创新商业模式和经营模式。传统媒体与新兴媒体融合后，商业模式和经营模式日益多元化，传统媒体营销和新媒体营销的融合带来了全媒体整合营销，使营销模式包括线下营销和线上营销、内容营销和数据营销、活动营销和品牌营销等，如从线上的用户付费模式、广告模式、电商模式延伸到线下的O2O商业合作、用户付费、活动推广等，进一步延伸了产业链。

（七）媒体受众调查方式发生变化

在媒体融合技术日新月异的今天，媒体受众调查方式发生了很大变化，从传统的受众调查法的模糊统计为主已经变化为以大数据分析技术支撑下的精准调查为主。传统媒体的受众调查法是抽样调查或选点推测式的模糊调查方式，而网站、官方微博微信、客户端等新媒体可以在精准数据收集基础上进行详尽的大数据分析，可以分析不同时段用户的使用习惯，用户对哪些内容和应用更感兴趣，进而完善相关内容和应用，在增强用户黏性上做文章，为传统媒体的频率、节目设置提供重要依据。

（八）用互联网理念和全媒体技术重塑全媒体记者

由于内容生产模式的变化，对媒体从业者提出了更高的要求，要求记者必须掌握采访、写作、摄影、录音录像、文字编辑、音频视频制作和编辑、数据挖掘和分析等多项业务技能，还需掌握AR增强现实、VR虚拟现实、无人机航拍等媒体相关的网络技术运用，熟练使用各种新的采编设备和传输工具，在业务水平上追求全方位发展，“全媒体记者”的概念随之应运而生。而全媒体记者的概念远不止步于新闻采集方法和媒介内容的分配方面，新闻表达上的媒体融合理念也日益凸显。互联网时代的新媒体终端轻便易携带，阅读时间碎片化，且由于互联网的交互性，用户的讨论和意见本身也成为新闻的组成部分，点击率和转发量已成为衡量新闻价值实现与否的重要标准，因此，媒体内容的制作方式也体现了互联网思维和融合思维，如内容推送迅速及时、标题更醒目、设置交互功能让用户参与讨论、迅速回复用户不断提升用户体验、利用植入式广告和互动式广告进行媒体营销等；此外，受互联网文化的影响，新闻表达方式早已摆脱了宣教式的面孔，新闻不仅有内容，而且变得更加有趣味和有情怀，这样才能在海量信息中吸引眼球，满足互联网用户群体的信息需求和精神需求。

各大媒体都在提升员工综合新闻素养、培养全媒体人才方面不遗余力。郑州日报报业集团对记者加强了新媒体技能的培训，打造精通文字写作、摄影且熟练运用音频、视频、VR等技术报道的全媒体全技能新闻人才，使集团的新闻产品和报道内容，都是可读、可视、可听、可身临其境。

二、中国传媒融合创新的问题与瓶颈

（一）融合创新目的模糊纷乱

当我们奔跑在融合创新的大道上时，绝大部分人想的是到底怎么融合，如何通过创新促进融合。融合创新的基础与目标是融合，达到融合的手段是创新，必须通过不断的创新促进传媒融合发展，达到传媒转型升级的目标。我们仔细思考下，到底何为融合，是媒体之间的互动？是媒体组织机构的融合？是多媒体大融合，即不同媒介集中在同一数字平台上？

实际上，传媒融合的目的一直是模糊纷乱的。不论是管理部门、学界，还是业界，天天喊着融合，却没有深究融合的目的指向到底是什么，融合后的结果到底是如何的媒体格局或者表现形态。如果说是传统媒体机构创办一些新媒体，这不能称之为融合，因为依然是传统媒体与新媒体分别运作，是两条平行线；如果说是全面集中在同一数字平台上，传统媒体的存在价值又在哪里，我们无需搞融合发展，直接全面发展新媒体，传统媒体停办就是，但这是不可能的。事实上，融合应该分为两个方面：一是组织机构的融合，一是媒体形态的融合。媒体形态的融合并不是说所有媒体形态都消失了，代之以一种新媒介形态。正确理解应该是：不论是传统媒体还是新媒体，都以主体身份独立存在，依然发挥不可替代的媒体传播功能，只是各自在信息传播这个大盘子中所占比例与角色不同。他们融合后的呈现形态跟阳光一样，看起来是白色的，但实际上是由红、橙、黄、绿、蓝、青、紫七种单色光等独立的颜色组成的。在媒体融合后的“阳光媒介”中，报纸、期刊、电视、网络、移动互联网等就是红、橙、黄、绿、蓝、青、紫等各种独立的颜色。这应该是传媒融合的正确指向与目的，只有这个目的明确了，追求融合与基于融合所发生的创新才是有价值的。

（二）融合创新主体动力不足

融合创新的主体主要是传统主流媒体，新媒体不存在融合发展的问题。对于传统主流媒体而言，融合创新就是要转变其既有的生存方式，这意味着传统媒体的生产者、生产工具、生产对象、内容形态、传播渠道、服务方式等要发生根本性改变，一句话，其生存环境将是全新的，需要运用新的知识、能力、技术、经营管理理念来维系生存和发展。这是一个较难的转型，如同我们出于好心想将住在山顶上的少数民族同胞迁到平地上居住一样，被帮助的同胞其实并不买账，于他们而言，山顶与平地上的生存方式截然不同，他们并不认同甚至根本无法适应，他们宁愿过着攀爬藤索出入的生活方式，也不愿意选择便捷的平地生活方式。

说到底，这是主体融合创新的动力不足。对于图书出版业而言，受到新媒体的冲击还未到触及根基的时候，按照原有的经营方式依然可以生存得很好，所以融合发展的主动性不强，出版社进行的数字化转型或者是出于响应行政管理要求需要，或者是追随行业发展趋势不掉队而已，或者是利用政府各种鼓励政策套取资金使然，真正进行彻底的、本质上的、结构性的融合创新的主体还较鲜见。对于报业而言，其受到新媒体的重创，面临生死存亡考验，融合创新的愿望还是强烈的，但对于融合发展最终结果的认识模糊甚至迷惘，加上人才、资金、技术的不足，对融合发展非常不自信，这种看不到前途的不自信很难有融合发展积极转型的主动性与积极性。广播电视、期刊、传统门户网站等传统媒体也存在这样那样的类似问题，导致全行业的融合创新乏力。

（三）融合创新资本支持乏力

在主体动力充沛、技术与人才基本具备的前提下，融合创新的发动机就是资本。资本如同燃油，不注入或者注入不足，都无法真正高效驱动融合创新这个马达。传媒本是一种高投入产业，假使拍摄一部影视剧，需要 5 亿元人民币，既使投入了 4.9 亿，这个影视剧很可能还是半成品，一个不完整的产品消费者是不会埋单的。同理，在融合创新这个大工程中，如果投入不足，别说根本性的创新实现不了，就连一些细枝末梢的改进也难以完成，也就不可能有融合发展真正转型升级的可能。

当下，资金并不缺。首先，国家各级财政在融合创新项目上的投入总额并不少，但是，具体到单个项目上的资金不是太多。譬如财政部 2008 年设立的文化产业发展专项资金，目前累计安排 242 亿元，支持项目 4100 多个，其中有很多是融合发展项目。然而，我们细究一下，每个融合发展项目的资金也就 1 千万至几千万而已，对于融合创新工程来说，要在人才、技术、生产设备购置等方面要进行根本性的改变，这些资金是远远不够的。而融合创新主体或者不愿意在这方面投入更多资金，或者不想真正进行融合发展与转型升级，结果是这 1 千万左右的资金用来向社会技术公司购买服务，完成主体的纸质内容数字化这一简单工作。如此，这众多的 1 千万至几千万元资金就成了撒胡椒，无法推动传统媒体与新兴媒体的根本性融合发展。其次，业内资本也较为充盈，不论是出版社、报刊社还是广电机构，其自有资金是一个不容小觑的数字，有些大型出版集团的自有资金有 10 来亿元甚至几十亿之多，整个新闻出版行业的业内资金不亚于一些金融机构，完全可以整合起来，组建新闻出版文化银行，扶持本行业重点融合创新工程。最后，业外资本更是一个取之不竭的活水源，资本是逐利的，不论什么行业，但凡有好的回报，资本必定不请自来。新媒体业是一个有较高回报的领域，浙江日报集团通过股市募集近 20 亿资金收购游戏公司边锋与浩方，江西出版集团通过股市募集 10 多亿资金收购游戏公司智明星空，都是资本对新媒体十分青睐的力证。当然，传媒业还有其行业特殊性，有其自身的运行规律，作为一种精神性产业，盈利模式与物质产品业有较大不同，这就需要传媒业作好各种说明解释工作，让业外资本真正了解传媒业，把更多的资本引向传媒融合创新工程。

（四）融合创新消费习惯畸变

数字技术与移动互联网技术作为一种结构性力量，对人类社会的生存方式发生重大影响，随之而来的新的文化内涵与外延也发生变化与调整。对于传媒而言，人们阅读习惯的改变使承载知识与信息的媒介形态几乎一边倒地倾向于数字媒体，具体地说是手机媒介日益成为人们阅读与消费的主要载体甚至是唯一载体。“两微一端”等自媒体的出现，大大改变了人们的阅读与消费习惯，但是，并不是说就根本改变了人类的生存方式。事实上，人类的元生存方式是亘古不变的，不论技术如何发展，人的吃喝拉撒等自然属性是改变不了的，这也注定传媒中的原子媒介也是不可能消失的。人们的阅读习惯尽管发生很大改变，数字媒体日益占据主流地位，但纸质媒介会追随人类的自然属性到永远。

当下，传媒消费习惯进入畸变阶段，人们接受知识与信息的唯一媒介似乎就是“两微一端”，这给传媒业造成一个假象，为了经济效益也好，为了社会效益也好，为了生存发展也好，在融合发展这一大工程中，大家心照不宣地追捧数字媒体，却没有真正地去追求传统媒体与新兴媒体的融合发展，结果更是强化了数字媒介消费选择上的畸变。实际上，在人们接受知识与信息中，那些深度的、系统的、带有永恒价值的知识，通过纸质学习会更有效。“两微一端”有其天生的短板：碎片化、随意性、芜杂混乱，这对于系统知识学习乃至社会基础性创新的促进是乏力的。所以，传媒业要保持必要的冷静沉着与前瞻性，更要肩负深远的社会责任，积极主动地对人们的消费习惯进行培养与引导，不致社会坠入单一数字媒介消费的深渊，而应该是把融合创新工程打造成为红、橙、黄、绿、蓝、青、紫独立而又统一的“阳光媒介”，为消费者提供多元媒介选择，为人类生存方式注入新的内涵，形成种亘古未有的全新文化。四、媒体融合的创新突破及发展趋势

穿戴式设备、植入式设备、物联网、人工智能、VR虚拟现实技术等概念不断刷新着人们的媒介使用体验，移动技术、融合技术、大数据技术等的迅速更迭已为我们开启了媒体融合未来发展的无限可能。要解决当下媒体融合的发展瓶颈，需要在媒体融合的体制机制、政策法规、运营管理、内容生产、盈利模式等各个方面进行变革与突破，从其创新做法和经验也可以看到媒体融合未来的发展趋势。

1. 体制机制

传统媒体与新兴媒体融合的最大困难仍是体制机制的障碍。改革创新体制机制，已经是老生常谈，而如何改革创新体制机制，却是常谈常新。

（1）建立现代企业制度，建立更加灵活的激励机制。

最大限度地激发人的积极性和创造力才是改革体制机制的关键和本质所在。媒体融合创新的竞争优势关键在于人，人才永远是媒体最珍贵的资源，也是媒体融合成功的关键要素。只有放活体制机制，尤其是要建立更加灵活的激励机制，才能确保优秀人才引得进并且留得住；只有打破体制机制的桎梏和瓶颈，才能真正深入推进媒体融合，真正做强做大主流媒体，提高传媒业的规模化和专业化水平，推进传媒业跨地区跨行业发展，进而推动中国传媒业走出去，提高国际竞争力。

近两年来，传统媒体中大量的高层骨干、业界精英离开多年的工作岗位跳槽到新媒体公司、传媒公司或文化企业，人才流失问题已经提醒我们，媒体融合必须深化体制机制改革，建立现代企业制度，规范企业法人治理结构，进一步理顺媒体集团及所属报刊创办的新媒体企业的产权关系，规范市场行为；组建融合保障部门，负责集团媒体融合业务的规划工作，负责推动集团媒体融合在技术研发与合作、投融资与经营管理、资源优化配置、人才培养和引进等方面的工作；实施多元股权的激励机制，如实施传媒企业特殊管理股制度，对于媒体领军人才，股权激励无疑是其发展事业的有效激励方式；创新业绩考核机制，建立全媒体业绩考核机制，形成纸媒、网站、微博、微信、客户端一体化的全媒体考核体系，激发所有采编人员运用全媒体技术、成长为全媒体记者的积极性。

（2）创新人才激励机制和培训机制，采取项目运营机制，打造真正的“创业文化”。

传统媒体从业者一直被业界打上了互联网思维缺乏、融合意识不强、业务素质单一等的标签，但事实证明，传统媒体从业者媒体从业经验丰富、内容业务根底深厚，只要引导机制和激励机制到位，他们完全可以适应媒体融合发展的趋势，做出优秀的媒体融合项目和媒体融合产品。浙报集团的全媒体战略行动计划中的“传媒梦工场”就是一个很好的例子，其中既有通过活动、比赛遴选优秀项目和人才的人才培养和激励机制和媒体融合项目运营机制，也有与企业和高校合作进行的人才培训和引进机制，应为各人媒体创新借鉴。浙报集团的传媒梦工场实际上是媒体内部的创新机制，目的是培养一线媒体采编人员的新媒体理念和互联网思维，从而使集团既培养了兼有媒体从业经验与互联网思维的融合人才，又得到了很好的新媒体项目来发展媒体融合，同时还激发了员工的创业热情，为新媒体项目的孵化和运营打造了真正的“创业文化”。

2014年下半年，“传媒梦工场”发起集团内部的新媒体创新大赛，集团共有200多名采编人员、50多个项目参与大赛，最终20多个新媒体项目被选中，传媒梦工场为这些项目提供从战略、资金、人力到技术等一系列支持，并提供财务、法务、工商注册等一系列创业服务。

除此之外，浙报集团还建立了全员培训体系，由浙江传媒研究院、传媒梦工场以及业界知名人士等组成培训团队，将集体组织和自主参加相结合，将全员系统培训和岗位细分培训相结合，充分激发传统媒体人运营自媒体的热情。目前该集团共开通200多个微博、微信公众账号，利用社交媒体来提高纸媒的移动传播影响力。

此外，浙报集团还启动全球招聘计划，引进新的具备“互联网基因”的“网络原住民”，建立起互联网技术人才引进、管理、培养、使用的制度，通过公开招聘、内部推荐、在重点高校建立人才储备库、到知名互联网企业挖掘人才等渠道，选拔技术人才，并成立技术委员会，设立首席技术官。浙报集团近年来从阿里巴巴等互联网公司聘请了互联网技术人才60多位，2014年技术人才达到集团人才总量的四分之一，这些人才促进了传统媒体与新媒体的创新融合。

在建立项目运营机制和培育“创业文化”方面，重庆日报报业集团也做了一些探索，集团出台文件鼓励员工基于媒体融合创新创业，成立重庆新闻创客空间，培训青年创业团队，孵化出了一些新媒体项目，培养了全员创业的意识，也起到了激励的作用。

除了像浙报集团专门组成培训团队，进行全员系统培训和岗位细分培训以外，还可以在日常工作中进行人才培训，并用相关考核制度改变传统媒体从业者思维观念落后、话语体系陈旧、新闻素养不全面等问题，培养其全媒体意识和全媒体技能，提高媒体从业者的新闻素养。在这方面，《新华日报》的培训方法可供借鉴。其官方微博于2013年11月正式上线后不久，要求凡进报社工作三年以内的年轻记者、编辑，全部轮流参加双休日的微博值班，并将此要求制度化。微博内容选题、新闻视角、话语方式、互动反馈等不同的工作要求，很快用新媒体的思维观念和业务素质武装了这支年轻队伍，反过来对改进纸媒文风也起到了积极作用。

（3）传统媒体可与新媒体合作开展研发工作，或与高校合作建立产学研融合机制。

欧美等国的媒体融合转型，很多决策都是基于实验室研发的结果，通过实验室研究和实验数据分析得到经验性成果、思考融合规律，再将这些成果和规律运用到传媒融合转型的相关决策，以确保决策方向无误。例如，纽约时报研发实验室（R&D Lab）开发的一款信息级联项目（Project Cascade）是通过捕捉报道发布在纽约时报网站后，通过不同在线媒体传播发散的情况，以可视化方式呈现读者和报道之间的联系，甄别对不同新闻事件的报道内容、影像呈现最具影响力的传播渠道，显示其传播生命周期。使每条传播渠道都成为一种潜在产品雏形，或新的新闻制造者。我国一些互联网巨头也有自己强大的研发团队，并有着巨额的资金投入，如百度、阿里巴巴等。例如，由于VR虚拟现实技术在视频和游戏领域的应用一直没有实质性突破，目前的应用技术含量很低，阿里巴巴在2016年2月已与VR研发企业合作成立了自己的VR实验室，对VR技术的应用进行专门研发。

传统媒体由于自身的资金、人才、资源所限，建立这样的研发实验室在现实层面有一定的困难，可以和互联网巨头合作，资源共享，取长补短，也可以与高校建立产学研融合机制，合作建立实验室或进行项目合作。在这些实验室里，进行媒体融合的探索性研发，探索如何更好地让技术为融合业务服务，如何让技术基因更好地与创意基因深度融合。这个团队应是一个开放式的创新型的团队，吸纳不同领域的人才，对融合趋势做出判断并进行研发，既可以为融合技术、模式、业务、项目做出重要贡献，同时又可以培养融合型媒体人才。在美国，这样的例子很多，如麻省理工学院媒体实验室成立于30年前，有33个研究小组，与逾180家全球性企业、多国政府部门及相关研究机构进行研发合作，得到源源不断的前瞻性项目，它的知识产权及各类成果令其他院校望尘莫及。

2. 政策法规

（1）健全和完善版权保护的相关法律法规。

这是传媒融合创新的基础和前提。在传统媒体与新兴媒体融合的过程中，新兴媒体一直对传统媒体有内容依赖，但很多却没有按照版权保护的相关法律法规取得许可、进行版权交易并支付报酬，无偿使用传统媒体原创内容的现象普遍存在。这样既损害了传统媒体的利益，也制约了新兴媒体的发展，更不利于更高层次的真正的传媒融合的实现。

一直以来，我国传统媒体自身版权意识也相对淡薄，当互联网上新兴媒体崛起之时，拥有强大内容优势的传统媒体自乱阵脚，误以为将内容通过互联网或移动互联网的渠道分发，才不会失去受众，结果养成了很多新兴媒体和受众享用免费内容或无偿获得相关服务的“习惯”。因此，传统媒体首先要自觉增强版权意识，其次就是主动运用版权相关的法律法规做好版权保护。只有保护原创内容的版权，才能激发内容创作的激情与动力，才能生产出更适合新媒体的原创内容，从而也能推动媒体融合创新的步伐。

（2）政府在政策和财政上大力支持。

政府应在资金筹措、信息发布、政策支持等方面进一步加大力度，为传统媒体与新兴媒体融合创造良好的条件和环境。上海市政府对上海报业集团在政策和资金上的大力支持在这方面起到了示范的作用，根据相关新闻报道，在上海报业集团成立之后，解放日报社和文汇报社从2014年起，每年分别获得5000万元的上海市财政专项支持，上海市宣传文化专项基金也将安排资金支持主要报纸发展新媒体，扶植外宣媒体和具有文化影响力的报刊。政府对传统媒体与新兴媒体融合发展的大力支持，可以缓解传统媒体在发展新媒体上的资金压力，帮其克服融合探索时期的困难和瓶颈，坚定传统媒体融合转型的信心。

政府支持还包括对传统媒体应加大对媒体融合方面的考核，而不是像以往一样只注重发行量、收视率、广告经营收入、利润率等考核指标。

（3）政府管理要容错。

媒体融合是个未知和全新的事物，没有已有的路径可循，没有已知的经验可鉴，对世界传媒业包括西方发达国家传媒业在内都是一样，是一个国际性的课题。因此，政府也要鼓励主流媒体勇于试错，积极探索，在探索过程中允许失败，为推进融合发展营造更加宽松包容的氛围。

（4）媒体融合应根据实际情况选择性推动，且应量力而行。

当前，在政策和环境的影响下，中国媒体一窝蜂地在搞媒体融合，且都是在搞全媒体融合，好像媒体融合就必须要涉及报、网、微博、微信、二维码、电子阅报栏、手机报、手机网、移动客户端、网络电视等几乎所有的新媒体形态，否则就不是媒体融合。但是中国需要这么多的全媒体集团吗？不一定。由于新媒体没有地域的限制，使得媒体的竞争范围迅速扩大到全国甚至全世界。在此背景下，第一，以往我国具有区域性竞争优势的地方传统媒体面对迅速扩大的市场失去了原有的竞争优势。第二，传统媒体的新媒体还要面对各种社交媒体、自媒体的强有力的竞争。第三，由于运营新媒体时需要大量的资金和资源的投入，而最终新媒体的盈利模式并不明朗，也影响了传统媒体原有主营业务的投入和收入；如果新媒体的内容创新不够，依靠传统媒体“输血”，那么这些免费内容还会降低传统媒体原有收费内容的价值，影响到传统媒体原有的发行量和收视率。那么，在如此情况之下，如果勉强推动媒体融合，可能会造成定位相似、内容同质、功能重复，造成资源的极大浪费。

因此，对于极少数实力雄厚、品牌影响力强大的传媒集团，如新华社、上海报业集团、南方报业传媒集团等，应大力推行媒体融合，而对专业性很强的媒体、行业性媒体或是地市级媒体来说，媒体融合应根据自身条件制定规划，没有必要贪大求全，不可行也不现实，一切应从促进发展的角度出发。传统媒体布局新媒体，切忌面面俱到，应考量自身条件，科学分析自己的优势劣势，分阶段进行融合试点，再对融合效果进行评估，最终寻找到适合自己的融合模式和融合路径。

3. 运营管理

用互联网的思维方式和方法论来运营管理新媒体，既是突破当前媒体融合瓶颈的重要手段，也是未来深化媒体融合的必然趋势。新媒体的迅速崛起带来了新产品、新渠道和新平台，传统媒体受众在新媒体时代，其媒体需求和消费行为发生了重大变化。对传媒媒体来说，要改变媒体融合叫好但不叫座的现状，必须改变传统的思维方式，用互联网的思维方式和方法论来运营新媒体。互联网思维方式和方法论的核心是与用户建立全面连接，媒体融合只是过程和手段，并非目的和动机，其根本目的是与用户重新建立连接，通过媒体融合找回正在不断流失的用户。从这个意义上来说，媒体融合与互联网在思维方式和方法论上是完全一致的。

（1）不断提升用户的内容获取体验。

从当前用户内容消费的时段和使用习惯来看，移动化、碎片化阅读成为发展趋势。内容制作首先要满足用户移动状态下的阅读需求，还要符合获得便利性原则，包括内容获得时间、渠道的便利，甚至在内容制作和编排上，通过内容分类切割、大标题、内容摘要等方式来满足读者迅速阅读、获得所需内容的需求。

（2）内容细分化、互动化、社交化，通过解决用户需求优化用户深度消费体验。

如今，用户需求更加个性化和多元化，在互联网海量信息背景下存活的新媒体早已认识到了细分市场小众化的精准需求，因此，成功的新媒体无不做到了这一点，即细分化和小众化。互联网的另一大特点是互动和分享，而新媒体的互动功能和社交功能充分地体现了这一点。

在获取信息和传播信息的过程中，让用户利用新媒体拓展关系链或是提供服务链，进而将这种关系或服务转化为价值，那么就通过解决用户需求而优化了用户的深度消费体验，如看视频的同时，点击买东西并分享到朋友圈。在互联网上，除了信息传播以外，媒体还要追求的是抓住媒体定位、媒体内容与市场化结合的点，在传播信息的基础上实现关系链的延伸、服务链的眼神和价值链的延伸，这才是提高用户忠诚度和用户黏性的不二法则。

（3）新的报道模式和运营模式来运作新媒体。

媒体融合提出之后，传统媒体和新兴媒体流程和运作一体化是业界达成的共识，的确，互联网时代，传统媒体和新兴媒体应有共同的运作理念和运作方式，但是“战略”上的一体化并非“战术”上的一体化。新媒体还是应该根据自身特点做出内容创新和模式创新。根据新媒体用户的特点寻找新的关注点和新的视角，适应互联网话语体系，创新表达方式和分析模式，创新内容模式和报道方式。

（4）建立动态受众数据库和舆情监测系统。

“以用户为中心”也是互联网特征之一，而基于互联网的新媒体用户是要基于数据来维护和拓展的，因为，通过互联网和大数据等技术与读者建立全面连接，建立动态受众数据库，做好受众分析和舆情研判，是媒体融合的必经之路。传统媒体想要了解自己的读者需要颇费一番周折，即便如此，恐怕也难以全面把握，而新媒体依据用户行为轨迹，通过后台数据对用户的性别、年龄、职业、兴趣爱好、媒体使用习惯和使用场景、消费习惯等都可进行细致的追踪、统计和分析，因此，据此建立受众或用户数据库，都可以成为媒体生产内容、设计产品、提供服务、延伸价值链和拓展营销渠道的重要依据和指南，只有这样，才能提升用户黏度，赢得了用户也就赢得了市场。

建立舆情监测系统，利用媒体融合更好地发挥主流媒体的舆论引导作用。建立大数据技术基础上的舆情监测系统，重塑主流媒体权威地位，坚守舆论阵地，占领信息传播制高点，是党和政府对媒体融合的必然要求，也是媒体理应承担的社会责任。目前，业界的舆情监测系统已经出现但在技术上仍有瓶颈，应用上仍有短板，需要整合资源、技术和人才合力完善和优化。目前，郑州日报报业集团正在筹建其大数据和舆情监测系统，旨在通过不间断地监控和采集纸媒、网站、论坛、博客、微博、微信等的信息，及时、准确、全面地掌握各种信息动向，用智能语义分析、自然语言处理、机器学习等数据挖掘和分析技术归纳舆论观点和倾向、掌握公众态度情绪，结合历史相似或类似事件进行舆情研判、趋势预测，提出应对建议，并以此来改进集团自身的报道计划，以进行正确的舆论引导。

（5）中央厨房式的融合手段应在运作思路和模式上有所创新。

媒介融合是传统媒体与新兴媒体的融合，但不是要取消媒介之间的差别，而是需要从其各自的传播优势和传播规律出发，提供内容和形式都更加丰富多样的媒介产品。报纸、期刊、广播、电视、网络电视、手机视频、社交网络、手机报、电子期刊、微博、微信、移动客户端等各种媒介形态必然在选题、采访方式、报道手段上有所不同。因此，媒体融合不能一味追求形式上的融合，应该发挥不同媒体各自的优势，极大地丰富媒体产品。如报网融合中的成功案例，杭州日报报业集团的19楼网站、济南日报报业集团的舜网等，其成功都在于打造了脱离报纸母体的真正的互联网产品，并通过社区论坛的形式发展壮大，这是报业集团在自身优势资源的基础上用互联网思维和方法打造的新媒体。再比如现今流行的报纸APP客户端，如果只是将其当作以另一种形式发布报纸新闻的渠道，一定无法成功，而如果应用技术优势，将其打造成刊载特色内容、发挥地域优势、提供本地化服务的平台，极大地方便用户生活，那一定会受到用户的广泛欢迎，提高用户忠诚度。

如广东佛山电台于2014年底推出的手机客户端“畅驾”，基于电台的交通、气象及本地生活服务等优势资源，打造为本地车友提供信息和服务的移动平台。其专业为车友服务，体现了细分化和小众化；开设社区展开互动，引入社交机制，体现了互动化和社交化；车友可以在移动端查寻路况、天气及各种本地生活服务咨询，体现了本地化和服务化。其上线一年多，下载量已达30万，受到了本地车友的广泛欢迎。

4. 内容生产

“内容为王”对媒体来说永不过时，优质的内容在任何时代都不缺乏读者和市场，在移动互联网和大数据时代，媒体要将创意基因和技术基因相结合，将应用数据分析和提升用户体验作为改进报道方式、提升内容质量的重要途径之一。

（1）构建专业的数据分析团队，及时利用数据分析结果改进新闻报道方式和推送方法。

数据分析团队的成员不仅要能采访、编辑、搜索、编程，还要懂社群、社区，掌握数据技术，具有数据挖掘、统计和分析能力。老牌大报美国《纽约时报》对内容报道的改进就充分体现了利用技术开发来发挥自身内容优势，值得同行业借鉴。纽约时报社新闻采编部建立了一个数据分析小组，以迅速提升数据搜集和分析能力，扩大搜集和使用结构化数据的范围，探索如何建立新的链接和使报道引起注意的方法，寻找更有效的方法与新闻采编部的其他人分享信息。将互联网产业的技术基因和内容产业的创意基因融合，这是改进新闻报道内容的必然趋势。

（2）根据不同媒介的传播特质制定不同的报道策略。

每种媒介都有不同的传播特质，也都有自己的传播优势和劣势，应制定不同的报道策略，才能形成合力，从而增强传播力和影响力。例如，纸媒的报道方式在微博、微信、客户端上就未必行得通。纸媒作为严肃性的主流媒体，真实、客观、公正、全面的报道事实是首要职责。而在微博大V、微信公众号上，用户除了希望看到事实真相以外，更希望分享的是观点、立场，尤其是经过自己选择而关注的微博和微信公众号的看法，会对用户观点产生直接的影响。

此外，新媒体的语言和叙事方式也完全不同于传统媒体的严肃正统，网络用语不断翻新，甚至有些还被编入新版现代汉语词典。新媒体用户所关注的内容不仅是能满足自身信息需求或兴趣偏好的，而且也需要内容的表达是有趣味、有情怀、可互动、可交流的，纵观当前成功的自媒体，无一不是如此，如罗辑思维。甚至新媒体上的广告内容都制作成了交互式广告和植入式广告，将其植入到内容叙事中，目的是在不影响用户体验的情况下进行推广和营销，事实证明，这样的广告营销效果更好。传统媒体运营的新媒体也应强化互联网思维，以用户体验为中心，来创新报道方式和叙事语言，以更好地吸引用户。

（3）发挥新媒体的技术优势来创新内容制作、呈现和传播形式。

从用户需求出发，利用新媒体的信息制作优势以创新内容传播，打造多样的内容产品，也就是用互联网的用户思维和产品思维来创新内容传播流程，如众筹新闻、数据报道、视频化内容等，都是融合产品的热点，也是未来的发展趋势。

新媒体技术为内容产品创新带来了无限可能，强调用户参与和互动的众筹新闻极大地调动了内容制作者的积极性，且由于选题一定程度上都是社群中多数意见的结果，众筹新闻有社会调查报告的属性，往往极具社会影响力。

基于大数据分析所制作的数据新闻因其形象具体，其极具权威性和前瞻性，也深受用户青睐。由第一财经与阿里巴巴合力打造的数据财经新媒体DT财经最大的特点就是用数据表达财经新闻，其将第一财经的财经新闻报道优势和阿里巴巴的数据资源相结合，将数据分析应用于新闻生产，形成了大量的数据新闻报道，如《32万条数据揭示：高铁争夺战尘埃落定，哪些小城是真正的赢家？》《大数据告诉你，“包邮区”到底凭什么包邮》《大数据告诉你，“全面二孩”才放开，谁已经在准备造人了》等报道，用数据说话，极具权威性和说服力，大大提升了其品牌影响力。

可视化一直以来都是媒体受众对内容的趋势性需求之一，所以视频内容因其独立的传播功能、立体的传播效果很早就显现出无限的发展潜力。近年来，随着视频制作的应用软件层出不穷，4G 商用和流量资费的不断下降，视频制作和传播的门槛已大大降低。据艾瑞咨询发布的《2015 年中国在线视频用户付费市场研究报告》显示，2015 年，中国网络视频市场规模超过 400 亿元，同比增长率为 61.2%；在线视频广告市场规模为 231.9 亿元，同比增长 52.7%。据 CNNIC 于 2016 年 7 月发布的《第 38 次中国互联网络发展状况统计报告》显示，截至 2016 年 6 月，我国网络视频用户规模达 5.14 亿，较 2015 年底增加 1000 万；网络视频用户使用率为 72.4%；其中，手机网络视频用户规模为 4.40 亿，与 2015 年底相比增长了 3514 万，增长率为 8.7%；手机网络视频使用率为 67.1%，相比 2015 年底增长 1.7 个百分点。因此，新媒体内容制作应适应内容视频化的趋势，尽可能用图片、动漫或者视频来表达信息，直观形象的画面能增强内容的感染力和冲击力，用户也可以用弹幕、点赞、推荐、转发等进行互动，在丰富了用户体验的同时，传播效果以几何级数迅速扩大。不仅是互联网新媒体，传统媒体上海广播电视台也看准了这一潜力股，将传统媒体新闻优势与视频新媒体相融合，推出视频新闻产品“看看新闻 Knews”，它不仅拥有一条面向海内外的 24 小时持续更新的互联网视频新闻流“Knews24”，还拥有一个以“原创＋短视频聚合”为特性的新闻客户端。2016 年 10 月 23 日，由南方周末、灿星文化以及小强填字传媒有限责任公司三方联合投资设立的广东南瓜视业文化传播有限公司揭牌成立，南方周末也正式涉足视频领域。未来 AR 增强现实技术、VR 虚拟现实技术等成熟之后，将广泛应用于视频领域，极大地提升用户体验，必将带来视频行业新一轮的爆发式增长。

（4）利用融合技术打造平台型期刊媒体。

媒体融合已极大地改变了期刊出版流程和出版形态。期刊稿件远程处理系统改进了期刊出版工作流程，实现投稿、组稿、审稿、编辑、出版等全流程的网络化操作，大大提高了期刊出版效率。期刊网站、数字期刊、手机期刊、数据库出版、微博、微信公号、APP 等数字出版形式，也一定程度上提高了期刊的传播力和影响力。

未来，期刊媒体融合的发展趋势是打造平台型期刊媒体，集成各类期刊的过刊资源和不断更新的连续期刊内容；作者可直接投稿，编辑可以直接审稿、编辑、配图、排版，发布并加上相关链接，专家可在线评议；可实现作者、编辑、审稿专家、用户的在线交流和互动；读者既可以搜索所需的文章，也可以上传内容、推荐内容、建立自己的“收藏夹”、发表评论和评价、也可以建立社群推荐评介期刊或期刊内容，形成一个开放的、先进的、不断更新的期刊出版和传播平台。如北京世纪超星信息技术发展有限公司推出的期刊“域出版”平台，是与学术期刊合作打造的包括专栏出版、专题策划、文献、图片、音频、视频、论坛和授课等多媒体功能在内的学术交流平台的手机客户端，其利用移动互联网的社群功能将作者、编辑、专家、读者汇集在同一平台，就相关话题直接进行交流和讨论，每一个人都可发起学术研究和评价。再如，人大数媒科技（北京）有限公司推出的“壹学者”移动学术科研一站式服务平台，该平台通过整合人大“复印报刊资料”及其他学术内容资源，形成包括壹学者个人版、壹学者机构版，涵盖微信服务号、Android客户端、i OS客户端以及PC端四大产品形态，为学者、学术机构提供学术图书馆、学术论文库、学术社交平台、科研工具服务四大核心功能。

这些由技术公司制作的针对学术期刊的媒体融合产品，有内容和评介、有营销和支付、有客服和物流，其不仅提升了学术期刊的传播频率和传播范围，充分发挥了期刊的学术创新引导作用和知识传播功能，也满足了个人用户和相关机构的学术科研需求和对科研产品的购买需求，形成了从学术服务到学者服务到智库服务的学术期刊商业模式，带动了学术产业链的发展。不仅如此，基于媒体融合理念和技术的期刊平台型媒体形成了集合作者、编辑、专家学者、读者的新的评价和推荐机制，有可能会建立起新的学术传播秩序和科研成果评价体系，后台的移动大数据可能会成为办刊指标，作为期刊评价体系的标准之一。

5. 盈利模式

传统媒体涉足新媒体，往往前期资金投入巨大，但在投入建成之后，多数新媒体的盈利模式不清晰，投入和产出严重不相称，大多数都是处于“赔钱赚吆喝”的状态，成为传统媒体与新兴媒体融合的最大障碍。传统媒体正在根据新媒体运营规律和融合规律探索创新盈利模式，合适的盈利模式是媒体融合发展的内在动力，是媒体融合可持续发展的关键所在。

（1）用户付费将成为主要收入来源之一。

从新媒体诞生之日起，其盈利模式一直是业界关注的焦点，对传统媒体与新兴媒体融合的盈利模式的创新探索一直都在进行。尤其对于传统媒体来说，投资新媒体、搞媒体融合是一件非常“烧钱”的事，除非资金实力雄厚，否则不敢问津，只能观望。如今，随着互联网和新媒体已渗透到人们生活和工作的方方面面，随着媒体使用体验的不断提升，用户已开始接受使用付费的商业模式，这一点从视频网站的付费市场的形成就可见一斑。据艾瑞咨询《2015年中国在线视频用户付费市场研究报告》显示，2015年中国网络视频市场规模超过400亿元，其中广告收入占比为57.8%，付费会员费占比为12.8%，付费用户收入达到51.3亿元，同比增长270.3%，可见，会员付费未来将成为视频网站主要收入来源之一，这种盈利模式也将成为所有媒体应用的发展趋势。

（2）以IP售卖和营销为核心的跨界商业模式。

2015年，IP一词大热，IP类媒体产品产生了巨大的市场价值，据清科研究中心统计，中国市场共产生IP相关收购42起，其中披露收购金额案例数39起，合计产生并购金额209.59亿元，被并购企业行业涵盖影视、动漫、游戏、小说、艺人等多个领域；2015年，共产生IP并购23起，涉及并购总额78.74亿元。IP营销也随之成为热词，从影视界到媒体界无处不谈论IP营销。“IP营销”甚至成为近几年重要的市场现象，呈现出跨界合作这种新商业模式和新消费趋势。

IP是Intellectual Property的缩写，是指“知识产权”，指包括音乐、文学和其他艺术作品，发现与发明，以及一切倾注了作者心智的语词、短语、符号和设计等被法律赋予独享权利的“知识财产”。而如今，IP已成为一种跨界商业模式的代名词，但其核心仍然是优质的原创内容，是能转化成可消费的跨界商品等各类表现形式的优质的原创的内容。IP营销早期的成功案例是《爸爸去哪儿》，从综艺节目到电影、衍生产品等让湖南卫视赚的盆满钵满。如今，综艺节目中的优质IP越来越多，如《奔跑吧兄弟》《极限挑战》，还有IP电视剧《盗墓笔记》《鬼吹灯》《琅琊榜》，以及小说IP《小时代》、漫画《十万个冷笑话》、游戏《魔兽》等。其以版权交易为核心，实现了图书、新媒体、影视、游戏、动漫、传统实体市场等多个领域跨界合作进行版权再利用。未来，IP营销将会是拥有优质原创内容的媒体的主要商业模式之一。

（3）新媒体盈利模式从广告、电商到广告＋电商。

起初，新媒体的主要盈利模式就是广告和电商。近年来，为了配合电子商务的发展，也为了促使广告内容以最快的速度变现，在网站和自媒体文字、图片、视频等内容中植入广告，并直接链接购物和付费页面，一方面用户在使用过程中可以直接点击购买，在尽可能不影响用户体验的情境下推送广告，提高了用户对广告的接受度，起到了很好的效果。这种植入式广告也叫交互式广告，在自媒体等社交媒体上，也被叫作信息流广告，事实上是一种“广告＋电商”的模式。

以视频网站爱奇艺为例，爱奇艺开通了网上商城，当用户在观看爱奇艺视频的过程中，如果想购买与视频相关的衍生商品，可以通过点击直接跳到该商品的销售页面进行购买。韩国都市偶像剧《来自星星的你》《太阳的后裔》等热播剧在爱奇艺播放期间，剧中明星的衣服、配饰等时尚用品和商品都成为爱奇艺商城的热卖品。

（4）传统媒体通过电子商务打造互联网盈利模式。

传统媒体也在探索途径积极与电商平台、产业实体合作，涉水电子商务，将其作为创新盈利模式的重要途径。目前，有部分传统媒体已开始了这方面的探索。例如，东方卫视将这种盈利模式引入真人秀节目《女神的新衣》，与天猫合作，开辟“边看边买”电商平台，观众可以通过手机天猫客户端扫描台标，便可进入“边看边买”页面直接购买节目中出现的服饰或其他商品，在该台播出的《何以笙箫默》中也采用了这种盈利模式。

2015年10月9日，以现代农业为主题的电商平台“第一农场”正式上线，这一电商平台是由《京华时报》《半岛都市报》《延边晨报》等主流报业媒体合力打造，共同推广和运营。各地加盟媒体既可组织当地名优农产品入驻“第一农场”线上商城或线下实体店，也可依托各自的传播力、影响力和公信力进行产品分销，主要是对不同媒体所在地的地标农产品的发掘、生产、包装和推送，这是报业发展电子商务的典型案例。事实上，这一举措并不算是创新之举。《扬子晚报》的扬子壹购官方购物平台，早在 2012 年营业额就突破亿元大关。2015 年 12 月 9 日，作为扬子晚报社全力打造的报纸购物品牌，扬子壹购的“升级版”官方购物平台——微商城正式上线，扫描二维码或进入扬子晚报官方微信，就可以登录并获得便捷的一键式服务；这同时也服务了《扬子晚报》的广告客户，一些客户在纸质版上投广告的同时，要求新媒体配合发布，甚至有的客户只在官方微博或微信上投放广告。

这一互联网盈利模式符合未来的发展趋势，值得传统媒体进一步深耕细作，提升用户的购物体验，培养其消费习惯，从而使传统媒体既可以通过植入广告获取品牌投放费用，又可以帮助电商从节目获得流量入口和提高购买转化率，从中分得渠道收益；亦或是如“第一农场”一样由媒体主导全部环节，自身进行广告投放，自身进行平台运营，自身获取销售利润。对已经可以联网的智能电视来说，未来还可以成为观购合一、多屏合一的互联网电视商城，如此必将极大提升观众的购物体验。

（5）开展数据营销，为用户提供定制化内容和服务。

利用新媒体打造自身的数据库和用户信息库，通过数据营销为用户提供定制化内容和个性化服务，既可以吸引用户付费，也可以吸纳更多的广告投放。在大数据、云计算、智能推送、智能搜索等技术的支撑下，定制化内容和个性化服务应成为媒体融合产品的重要内容，这也是数据营销的前提。今日头条的成功已经为业界展示了这一盈利模式的光明前景。2015 年，今日头条广告收入达 16 亿元；今日头条算数中心执行总监刘志毅在2016年中国传媒年会上说“今日头条更像服务于个人的兴趣集合器。”他认为：“今日头条最值钱的是什么？算法和数据。”今日头条最大的特点就在于其内容的个性化和定制化，每一个用户看到今日头条的内容都不一样，其根据后台的数据分析计算每个用户的搜索路径和兴趣偏好，从而根据不同的偏好推荐不同的内容给用户，如果某条信息在某个人群中点赞率很高，则会被推送到与之兴趣相似的人群，因此今日头条受到用户的广泛好评并赢得了大量的广告客户。

数据化和定制化是未来媒体产品的必然标配，但也不可否认，这些数据资源目前仍主要掌握在互联网平台运营商和电信运营商手中，如百度、腾讯、阿里巴巴、中国移动等。而数据库资源和用户信息是作为主要内容生产者的媒体的核心资源，不能够依赖于其他平台，媒体应该要学会建设自己的数据库和用户信息库，这是媒体融合时代媒体与用户建立连接的关键所在，也是媒体的核心竞争力。过去，传统媒体市场断崖式下滑不是因为失去了阵地，也不是因为失去了渠道，而是传统渠道的另一端找不到受众，而新媒体为我们提供了新的渠道和平台，可以与受众建立更强大更紧密的连接，基于大数据技术的数据挖掘、计算和分析使传统媒体重新找到了受众，找到了受众需求，也就重新找回了市场。基于受众需求、兴趣偏好和用户体验的数据营销可以针对每一位用户需求做出营销设计和服务改善，甚至一对一的用户关系管理也成为可能，因此必将建立起更加完备的服务链和价值链。

（6）以“新闻＋服务”战略寻求新的增长点。

运用新媒体技术实施“新闻＋服务”战略，积极运用大数据分析与传统产业结合，打造出新的媒体服务空间，既可以为用户提供增值服务，也可以打造出媒体融合新的盈利模式，以寻求新的增长点。如河北广播电台的“即通”客户端，致力于培养专业技术团队，将技术与媒体的信息优势融合，为用户提供创新服务。由于司机是该电台的主要目标受众，因此交通路况信息是电台的主要内容优势之一。在此基础上，河北广播电台的“即通”客户端将内容优势与技术力量相结合，在基于百度地图的路况爆料系统上，用户可以通过实时地理定位方便地在地图上标注当前位置的道路信息，传递给更多受众，使大家及时对拥堵路段进行避让。目前，在原有的通畅、缓慢、拥堵、事故等标注的基础上，后台工作人员又陆续开发了施工、禁左、积水、结冰、景点等个性图标，通过智能语音播报前方路况，在一张地图上提供全方位的移动生活服务，为河北广播电台带来更多收听率和广告客户。

广电网络行业还可以通过智能电视实现的电视、电脑、手机三屏合一全面抢占客厅，为用户打造超大屏的观赏体验，同时也可以通过客户端为用户提供新闻＋各种增值服务，如各种电影电视节目、电子商务服务、交水电煤气费等生活服务，收取广告费、电子商务销售收入提成、版权使用费、电视节目落地费等服务费用，创新电视的媒体融合盈利模式。

这种在媒体融合的基础上结合自身优势打造特色服务，必将成为未来媒体新的赢利点。如《潇湘晨报》把社区经济作为未来发展的着力点，其总编辑郭谷斌说，潇湘晨报96360社区生活服务平台立足湖南本土，线上全面整合报纸、网站、微信、APP等资源，线下通过社区服务店和由发行团队升级而来的社区服务团队，为居民提供包括物流配送、家政服务、挂号、订票等“保姆式”的全方位服务，这些服务的收入成为报社收入的重要组成部分。再如，浙报集团通过收购边锋和浩方游戏平台，拥有了大量用户，从而壮大了集团数据库，然后在此基础上增强集团的服务能力，如构建医疗挂号、水电气缴费、电商、快递查询等互联网上的民生服务平台，通过城市门户频道为用户提供地方生活资讯和吃住行等当地服务，通过个性定制频道根据用户的城市定位和阅读偏好，推送本地重要新闻、活动通知和个性化服务，这样可以赢得更多的用户和广告客户。

（7）从网站和自媒体上兴起的新闻众筹模式。

新闻众筹模式也是未来有潜力的盈利模式之一。新闻众筹，即为新闻而进行众筹，具体做法是：首先，新闻记者或自媒体人通过网络平台提出一个新闻报道的计划；然后，受众通过捐赠一定的资金来资助他们认可的报道计划；在设定的期限内，如果这些记者能得到预期的资金数额，那么他们就可以用这笔钱来执行报道计划。2008 年美国的新闻众筹网站“Spot.us”成为新闻领域众筹模式的先驱，其众筹成功后会把报道或新闻线索或事实资料卖给新闻机构，这些钱会重新返还给该项目的捐赠者。

2013 年 11 月“众筹网”上线“新闻众筹”平台，被认为是我国第一家新闻众筹网站。我国目前的新闻众筹模式主要是由一些有影响力的自媒体和自媒体人发起，主要内容是其捐赠者的共同诉求和共同兴趣所在，多是其关注领域的调查报道。随着受众对传播参与积极性的不断提高，为某个感兴趣的选题、为青睐的媒体或媒体人提供报道资金的意愿也日益强烈。新闻众筹初衷不是以盈利为目的，其共同宗旨在于公共利益和影响力，也正因如此，其调查报道因具有新闻价值往往可以得到其他媒体的青睐，从而达成版权交易。

不仅如此，传统主流媒体也通过媒体融合渠道开始涉足新闻众筹。如 2015 年 2 月，广东广播电视台珠江经济台于 2015 年 2 月开播的广播财经节目《风云再汇》，通过在众筹网众筹的方式，仅用 13 天就成功吸引了 1410 位用户付款，募集到节目一年的制作费用：888，976 元，开创了中国广播节目众筹成功的先河。可见，新闻众筹有可能成为媒体融合报道创新盈利模式的新途径，值得进一步探索和研究。

不可否认，当前我国媒体融合发展挑战和机遇并存，媒体融合路径没有经验可借鉴，只能靠媒体人不断创新探索。在这条路上，有困难，有风险。在推动媒体融合过程中，如何保证国有资产的保值增值？一项新技术一旦应用转化为成熟的商业模式，是否会造成其他原有的技术或模式被取代？需要考虑的问题很多，需要解决的难题很多，但是这条道路是符合新闻传播规律和传媒业发展规律的，是推动我国传媒业做强做大的必由之路，因此中国传媒融合创新必须披荆斩棘、砥砺前行。

第二节　中国传媒融合创新的机遇

一、政策机遇：多项政策为传统主流媒体保驾护航

传媒是党和人民的喉舌，在党媒的发展过程中，从来没离开过中央和政府出台的各项政策的保护。数字技术、网络技术、移动技术、智能技术背景下，面对新兴媒体

的严峻挑战，传统媒体面临生死存亡之际，2014 年 8 月，中央全面深化改革领导小组第四次会议提出“推动传统媒体和新兴媒体融合发展”和“强化互联网思维”；2015 年 3 月，中央适时出台《关于推动传统媒体和新兴媒体融合发展的指导意见》，指出融合发展实际上就是要给传统媒体转型发展提供时间和机会；2018 年 8 月，全国宣传思想工作会议强调“要扎实抓好县级融媒体中心建设，更好引导群众、服务群众”；2018 年 11 月，中央全面深化改革委员会第五次会议审议通过了《关于加强县级融媒体中心建设的意见》。出台这些政策就是致力打通信息传播“最后一公里”，协调好大脑中枢与神经末梢的问题。当时，在县域各种微信公众号和微博等新媒体的冲击下，全国 2 800 多家县级广播电视台及部分报刊，主要宣传报道当地政府的工作动态，通过点播电视剧、做专题片等所获收入维持生存，作为党和人民喉舌主流媒体的功能有待充分发挥。在媒体融合政策的推动下，传统媒体融合力度日益加大，各种新技术的软硬件也换装到位，新兴媒体建设也蔚成大军，“一体策划、一次采编、多种生成、多端发布”的生产流程再造也宣告成功，融媒体人才也不断充实完善。然而，一个严峻的问题是：有些有很强传播力、影响力、引导力的媒体产品并不是来自我们这些新型主流媒体，而是被商业媒体占尽风头，一些重大新闻并不是第一时间从我们新型主流媒体获得，我们的意识形态领导权和主流价值观的塑造受到一定的挑战。这其实就是内容问题，我们的内容生产还不尽如人意，需要下大力气改变这个局面，“内容为王”永远是媒体融合发展、彰显传播功能的第一原则和第一要务。

为解决新型主流媒体的内容生产问题，中央适时出台了各项保护性政策。针对商业利益对影视内容生产的渗透，如流量至上、“饭圈”乱象、违法失德等问题，2021 年 11 月，中央网信办印发《关于进一步加强娱乐明星网上信息规范相关工作的通知》，从内容导向、信息呈现、账号管理、舆情机制等方面有效规范娱乐明星网上信息。2021 年 9 月，中宣部印发《关于开展文娱领域综合治理工作的通知》。此前，为了整治“饭圈”乱象，中央部委密集出台了多项政策。2021 年 8 月，中央网信办发布《关于进一步加强“饭圈”乱象治理的通知》。2020 年 8 月，教育部等六部委印发《关于联合开展未成年人网络环境专项治理行动的通知》。不论是专项行动还是综合治理，这些政策始终紧紧扭住了整个文娱领域的“牛鼻子”——“饭圈”乱象，致力于为新型主流媒体生产健康内容清除恶劣风气。2021 年 10 月 8 日，国家发改委发布的《市场准入负面清单（2021 年版）》（征求意见稿）显示，“非公有资本不得从事新闻采编播发业务。非公有资本不得投资设立和经营新闻机构，包括但不限于通讯社、报刊出版单位、广播电视播出机构、广播电视站以及互联网新闻信息采编发布服务机构等。非公有资本不得经营新闻机构的版面、频率、频道、栏目、公众账号等”。这个政策更是为新型主流媒体的生产疆域构筑了一道十分坚实的防火墙，有利于其产出精品力作，更好地塑造主流价值观，引导受众，维护意识形态安全。10 月 20 日，国家网信办公布最新版《互联网新闻信息稿源单位名单》，该政策是贯彻落实中央关于互联网内容建设的指示要求的。“新闻信息稿源管理是加强互联网内容建设、规范网络传播秩序的重要抓手，既要大力开‘前门’，丰富网上内容供给，为做大做强正能量提供‘源头活水’；又要坚决关‘后门’，严管违规自采、违规转载等突出问题，从源头拧紧信息传播的‘总开关’。”1 中央出台的这些政策，核心是为新型主流媒体内容生产保驾护航，尤其是主力军全部进入互联网主阵地后，互联网内容建设是决定我们意识形态领导权的关键。新型主流媒体只有抓住并用好了这些政策机遇，才能真正成为“四力”媒体，也才能在融合发展大潮中真正成为党和人民需要的主力军。

二、生产机遇：新型主力军阵容强势扩大

要推进媒体深度融合发展、打造具有强大影响力和竞争力的新型主流媒体，让新型主流媒体这个主力军全面挺进主战场，是中央赋予我们的使命，也是时代提出的要求。新型主力军就是能够在线上线下都具有强大传播力、引导力、影响力和公信力的融媒体，准确而言就是指融媒体机构（融媒体中心）。经过近十年的融合转型发展，传统媒体机构已基本转型为融媒体机构（至少有一种新兴媒体的传统媒体组织，都可以称之为融媒体机构），有中央级融媒体中心，如《人民日报》、中央广播电视总台、《光明日报》《经济日报》等；有省市级融媒体中心，如各省级党报集团，部分市级融媒体机构如绍兴融媒体中心、中卫融媒体中心等；有县级融媒体中心，全国 2 800 多个县都建立了融媒体中心。

（1）“非公有资本不得从事新闻采编播发业务”廓清了新型主力军的“一亩三分地”。这样一来，那些对传统主流媒体构成严重威胁的商业媒体就得远离新闻采编播业务。表面看来，似乎是新闻生产的主体在大大压缩，实则不然。商业媒体退潮，新闻信息生产的喧嚣环境得以净化，真正搞新闻内容生产的主体有了一个安定生产的环境，浮躁的情绪得以平静，能够全心全意地生产出精品力作，不再担心自己的创意被模仿和窃取，社会获得感得以强化，在良性循环中进行新闻产品社会再生产，新型主力军也得以壮大。同时，国家网信办公布的最新版《互联网新闻信息稿源单位名单》，也是新型主力军稳定发展的加持，通过对 1 358 家稿源单位的扶持，使传统主流媒体成为网络空间强有力的内容供给者。这个名单显示，中央新闻网站 79 家，中央新闻单位 38 家，行业媒体 89 家，中央和国家机关、群团组织等政务发布平台 80 家；其他的分布在 31 个省市，如北京 15 家，河北 47 家，山西 45 家，江苏 66 家，浙江 51 家，

四川46家，云南62家，新疆13家，宁夏10家；此外，省级政务发布平台31家。这1 358家机构，不论是新闻网站还是新闻单位，除了传统媒体本体外，都拥有公众账号（微信和微博）和应用程序（新闻客户端），实行“一体策划、一次采集、多种生成、多端发布”的生产流程，大多为融媒体机构，是名副其实的新型主力军。此次稿源单位名单，首次把公众号和应用程序列入其中，标志着新型主流媒体的建成和壮大。

（2）传统主流媒体在八年的融合转型发展中，构建了全媒体传播矩阵，新媒体传播已成为主流。以报纸为例，为了应对新冠肺炎疫情挑战，报社加大对新媒体业态的投入，新型主力军在抗击疫情中发挥了重要作用。2020年，全国报纸年检数据显示，“全国有1 865家报纸举办新媒体，占报纸总量的77.35%，比去年提高3个百分点。各报纸出版单位微信微博等各类公众账号数量为4 677个，微信公众号阅读‘10万+’文章数量为6万余篇，百万以上粉丝微博账号为223个”。2 这些新媒体与传统报刊协同生产，构建了成熟的全媒体传播矩阵。

（3）县级融媒体中心新闻机构身份得以确立，新型主力军翻倍扩容。在传统媒体与新兴媒体融合发展的进程中，县级媒体主要是2 800家广播电视台及40多家报纸，数量虽多但体量较小，融合转型发展的阻力也较小，转型为融媒体中心的成本很小，且能够实现弯道超车，直接成为网络主阵地的新型主流媒体，打通传播“最后一公里”，发挥重要的新闻宣传和舆论引导作用。2021年7月，人社部办公厅印发《人力资源社会保障部国家新闻出版署关于深化新闻专业技术人员职称制度改革的指导意见》，正式把县级融媒体中心列入新闻机构，从业人员可以融媒体中心记者身份参加新闻记者考试和参评新闻专业职称。有了全国2 800多家融媒体中心这支生力军的加入，党的新型主力军翻倍增长，扩充了新闻生产队伍，中国传媒融合创新迎来了巨大的生产机遇。国家网信办公布的最新版《互联网新闻信息稿源单位名单》中，列入了10家县级融媒体中心（江苏江阴市、浙江长兴县、福建尤溪县、江西分宜县、河南项城市、湖北赤壁市、湖南浏阳市、四川成都高新区、陕西陈仓区、甘肃玉门市），说明了县级融媒体中心的生产实力优势。

三、技术机遇：新媒体基础技术将进入较长稳定期

技术是人类改造自然和社会的有力手段，每一次革命性的技术创新，都会极大提高人类的社会生产力，改善人类的生存条件。从这个意义而言，技术革新应该是进行时，普遍为人们所欢迎。在人类漫长的发展过程中，根本性的技术革新并不频繁，往往要几千年甚至上万年才碰上颠覆性的技术革命，人类的基本生存方式才发生根本性

的变化。石器的制作，标志着人类文明的开始，人再不会像其他动物一样靠天吃饭，而是用自己的主观能动性去改造自然，获得所需的生活资料。铜铁冶炼技术的出现，标志着农耕文明时代的到来，人类社会得以大发展。工作机的出现，尤其是蒸汽机动能的出现，标志着机器大工业时代来临，资本主义经济代替了封建经济和小商品经济。随着电气时代和信息时代的到来，革命性技术创新的周期从千年万年缩短至百年甚至几十年。人们在享受技术带来的巨大福利的同时，也被频次很高的技术革新节奏弄得无所适从、焦灼不安，从容的慢生活被闪电般的快节奏所替代，精神生活日益局促纷杂和随波逐流。

与精神生活相对应的就是信息生产技术，也就是传媒生产技术，这些技术创新迭代的频率可以用月、天、时、分来计算。原子技术、无线波技术、电子技术、数字技术、网络技术、移动技术、智能技术渐次出现，报刊、电报电话、广播电视、新媒体最终齐聚人们的精神餐厅，供人们自由选用。在商业利益和学术利益的推动下，某传媒弄潮儿和舆论领袖不断地兜售一个又一个新概念，浪费了全社会全行业的大量资源，导致两个严重后果，“一是人们如同关在笼子被不断戏弄的老鼠一样，变得麻木不仁，对一切新技术毫无兴趣，处于自我放弃境地，在媒体技术革新的时代浪潮中无所作为；一是人们形成了‘快鱼吃慢鱼’的定势，认为‘变化是唯一不变的东西’，总期待明天又会出现更好更新的技术，从而实现弯道超车、后来居上，这种‘毕其功于一役’的想法最终是依然无所作为。”通过对近十年技术革新浪潮的观察，可以断言，实际上真正革命性的技术就是数字技术、网络技术、移动技术与智能技术，这四种技术使得新媒体与传统媒体有了根本上的差异，信息传播从传统媒体大众传播时代经过一个更高阶段螺旋上升后，回到人际传播、圈子传播与大众传播融合叠加的全媒体传播时代。人际传播是人类最有效的传播方式，四种技术跨越了时空界限，可让地球（甚至外太空）任何角落的人们在同一时空实现人际传播。未来也不会有比人际传播效果更好的方式，除非人类发生了变种，相信过千年万年恐怕也没有这种可能。这四种基础技术不但是媒介生态的基本生存方式，且是人类的基本生存方式，是有别于原子媒介时代、电子媒体时代的数字时代人类生存方式，并将持续较长一段时间，21 世纪甚至下几个世纪都是数字技术、网络技术、移动技术、智能技术的天下，未来的技术革新大体上也是这四种技术的延长与深化。不必用高深繁杂的数据计算和科学逻辑推演来证明，只要细细回味近十年的媒体技术革新进路，就可有一个基本判断：微信社交媒体与 APP 客户端称霸互联网空间十多年，在他们之后再也没有出现能代替它们的媒介形态，足见其所依附的四种技术的稳定性。因此，在未来较长一段时间，政府管理者、学术研究者和从业人员只要紧紧盯住这四种技术所支撑的传媒生产流程，认认真真做好内容融合创新，多出精品佳作，就一定能够在媒介技术革新浪潮的激荡中行稳致远，成为党和人民所欢迎的新型主流媒体。

四、社会机遇：疫情把控有序，经济社会稳定发展

任何事物的发展都离不开一个稳定的社会环境，传媒行业也不例外。传媒行业作为精神性产业，本质而言它是不创造剩余价值的，它是一种依附性产业，依附其他实体产业而存在。传媒从业人员是通过生产自己的精神产品提供给其他行业从业者，从而获得其他行业让渡过来的剩余价值，得以购买自己及家庭所需的生活资料。所以，从这个意义上而言，但凡社会出现不稳定因素，精神性行业遭受的影响会极为明显，有可能出现“蝴蝶效应”之类的后果。社会不稳定，传媒行业别说融合创新，就连正常的生产也无法进行。

不论是自然界还是人类社会，稳定与变动是一种常态。当然，变动是从积极的角度来看待自然与社会发展问题，从消极角度来看，稳定的反义是无序，无序也是一种变动状态，但往往会浪费社会资源，制约社会发展。稳定的背后是社会秩序，即人们必须遵守的行为规则、道德规范与法律规章，是一种维护社会正常运行和发展的基本条件。一定区域内的社会共同体内部及其与外部关系的正常有序状态即是社会稳定，包括社会心理稳定、社会关系稳定、社会生活稳定、经济稳定与政治稳定。2020 年以来，由于新冠疫情席卷全球，在一些国家时有集中式暴发，严重影响了社会生产和生活，全球经济一路下滑，触底回升的希望之光还很难觅见。中国人民在党和政府领导下所进行的抗疫斗争，为世界贡献了极具操作性的中国模式，得到了国际社会的肯定与借鉴，但我们的前路依然充满挑战。这段时间，我国经济率先回暖，成为全球较少的经济复苏继续强力挺进的国家之一。尽管 2021 年第三季度 GDP 增速放缓，同比为 4.9%，环比为 0.2%，低于预期，但这都是短期因素导致的，国家正在关注长期因素，以提高经济增长潜力。虽然经济复苏出现放缓，但整个社会处在有序状态。新冠疫情出现之初，人们的生产生活一度慌乱，但随着抗疫成功经验的增加，疫苗的全民接种，社会保障措施的进一步系统化，即便个别城市不定期出现疫情，人们也再没有慌乱情绪，社会心理极为稳定，社会关系、社会生活也非常稳定，经济稳定和政治稳定更是中国共产党执政治理下的我国重要优势，确保了社会个体和市场主体的健康良性发展，对于媒体融合创新而言，是一个十分宝贵的发展机遇。

参考文献

[1] 高凌君 . 媒体融合背景下新闻记者的自我重塑路径 [J]. 新闻世界，2023（09）：100-102.

[2] 张宏哲 . 媒介融合环境下新闻差异化传播探讨 [J]. 新闻传播，2023（18）：86-88.

[3] 潘语怡 . 四维度打造融合新闻传播力评价指标体系 [J]. 全媒体探索，2023（08）：25-27.

[4] 李宁凯 . 数字化环境中，传统新闻传播实践与大数据技术的有效融合 [J]. 城市党报研究，2023（09）：31-33.

[5] 马文才，高志东 . 媒体融合环境下的新闻传播专业人才培养探索 [J]. 中国职业技术教育，2020（12）：56-57.

[6] 张晓彤，蔡庆华 . 媒体融合背景下新闻传播专业人才培养与改革 [J]. 教育现代化，2017（2）：115-116.

[7] 周波，丁璟 . 媒体融合背景下新闻传播专业人才培养研究 [J]. 中国媒体教育，2019，34（1）：67-68.

[8] 庄超 . 媒体融合环境下新闻传播的改革探讨 [J]. 新闻传播，2023，（16）：54-56.

[9] 任泽昕 . 媒体融合背景下新闻传播效应与策略探究 [J]. 中国报业，2023（15）：34-35.

[10] 周茂君，柏茹慧 . 新文科背景下新闻传播学本科专业人才培养研究 [J]. 国际新闻界，2022，44（02）：133-156.

[11] 周静漪 . 媒介融合背景下融合新闻传播效应与策略探究 [J]. 新媒介研究，2017，3（21）：6-7.

[12] 张晓静 . 媒介融合背景下融合新闻传播效应与策略研究 [J]. 才智，2015（12）：315-315.

[13] 俞逆思 . 媒介融合背景下融合新闻传播效应与策略研究 [J]. 西部广播电视，

2015（17）：32.

[14] 吴斌 . 媒介融合背景下新闻传播效应与策略研究 [J]. 新闻传播，2022（1）：55-56.

[15] 程海声 . 媒介融合背景下融合新闻传播效应与策略研究 [J]. 新闻研究导刊，2016，7（9）：229-229.

[16] 王晓慧 . 新媒体环境下电视新闻节目受到的冲击及应对策略 [J]. 电视技术，2021，45（07）：68-70.

[17] 牟向前，王庆军，俞鹏飞等 . 人工智能时代体育新闻生产与接受面临的挑战及应对策略 [J]. 山东体育学院学报，2019，35（05）：37-43.

[18] 陆明 . 新媒体时代电视新闻传播影响力提升的策略分析 [J]. 电视技术，2019，43（10）：20-21+47.

[19] 万晨 . 媒介融合背景下新闻传播途径与发展策略分析 [J]. 新闻传播，2023，（10）：30-32.